Homens de ferro
Os ferreiros na África central
no século XIX

Homens de ferro
Os ferreiros na África central no século XIX

Juliana Ribeiro da Silva

Copyright© 2011 Juliana Ribeiro da Silva

Publishers: Joana Monteleone/ Haroldo Ceravolo Sereza/ Roberto Cosso
Edição: Joana Monteleone
Editor assistente: Vitor Rodrigo Donofrio Arruda
Revisão: Ana Paula Marchi Martini
Projeto gráfico, capa e diagramação: Sami Reininger
Imagem da capa: Aquarela de Giovanni Cavazzi de Montecuccolo, publicada em
Njinga, reine d' Angola. La relation d'Antonio Cavazzi de Montecuccolo (1687).
Paris: Ed. Chandeigne, 2010.

CIP-BRASIL. CATALOGAÇÃO-NA-FONTE
SINDICATO NACIONAL DOS EDITORES DE LIVROS, RJ

S58h

Silva, Juliana Ribeiro da
HOMENS DE FERRO: OS FERREIROS NA ÁFRICA CENTRAL NO SÉCULO XIX
Juliana Ribeiro da Silva.
São Paulo: Alameda, 2011.
208p.

Inclui bibliografia
ISBN 978-85-7939-069-2

1. África, Centro – História – Séc. XIX 2. Forjamento. 3. Trabalhos em ferro. 4.
Ferramenteiros. I. Título.

11-0313.

CDD: 960
CDU: 94(6)

023987

ALAMEDA CASA EDITORIAL
Rua Conselheiro Ramalho, 694, Bela Vista
CEP: 01325-000 – São Paulo – SP
Tel. (11) 3012-2400
www.alamedaeditorial.com.br

Sumário

Prefácio	07
Introdução	11

Capítulo I 25

Portugueses e Africanos: o interesse pelos minerais	27
Os portugueses e os minerais	31
Os africanos e o ferro	55
Os mitos como fontes históricas	63
A fertilidade	75
Entronização de chefes e produção de insígnias de poder	80

Capítulo II 87

Um novo olhar sobre a África	89
O século XIX	90
O comércio lícito e de longa distância	111

Capítulo III 131

Homens de ferro	133
Ser ferreiro no século XIX	139
A mobilidade dos ferreiros e as trocas comerciais	145
Os fornos de fundição e a produção do ferro no século XIX	151
As armas de fogo	157

Considerações finais 187

Bibliografia 193

Fontes 203

Imagens e tabelas:

Planta de uma aldeia quioca 60

Tabela: Importações de metais dos domínios africanos (em milhares de réis) 120

Forno ginecomorfo 136

Desenho representando o modo de fundir o ferro dos nativos em Nova Oeiras, acompanhado de descrição pormenorizada, 1800 154

Foles e martelo indígenas 156

Alguns dos modelos de armas de fogo fabricadas em Liège e destinadas ao continente africano 168

Carregadores portando armas de fogo 169

Caçador quioco carregando arma de fogo 173

Carregador ganguela sentado sobre a carga, onde se apoia a sua arma de fogo decorada com tachas de latão amarelo na coronha 180

Prefácio

As pesquisas sobre história africana são relativamente recentes no Brasil, assim como ainda são poucos os que a estudam. Há alguns anos, quando existiam ainda menos pessoas e publicações a ela dedicadas, e muitos, como era o meu caso, estavam se iniciando nessa área, me perguntaram em um encontro acadêmico acerca dos ferreiros e suas ligações com o poder. Eu não soube responder. Apresentar um trabalho sobre os ferreiros centro-africanos, resultado de um mestrado sob minha orientação, mostra o quanto caminhamos em pouco tempo. Ainda mais porque este livro trata de um tema muito pouco explorado na bibliografia africanista como um todo e não apenas entre o recente e restrito grupo de brasileiros estudiosos de história da África.

A princípio Juliana Ribeiro da Silva interessou-se por um tema afro-brasileiro: os oratórios de ferro, feitos por escravos, que ela viu em Ouro Preto no Museu do Oratório e transformou em tema de pesquisa ainda na graduação. À medida que a graduação, a pós-graduação e os debates dos quais participou iniciaram-na no conhecimento acerca das culturas e sociedades africanas dos séculos passados, seu interesse migrou para a África central, para os ferreiros, seu universo, seu lugar nas sociedades, suas reações diante dos resultados da presença portuguesa, que ali exerceu uma dominação crescente. E esse foi o percurso da maioria das pesquisas sobre história da África feitas no Brasil de cerca de vinte anos para cá, que começaram tratando dos escravos e acabaram por se voltar para as sociedades de onde eles vieram. Mas seu trabalho ainda é dos poucos feitos na universidade brasileira a tratar exclusivamente da história africana. Seguindo os caminhos abertos por Alberto da Costa e Silva, inspiração para muitos dos atuais africanistas brasileiros, dá uma contribuição original para a história da África, tratando de problemas que abarcam três séculos.

Tendo como foco principal a atividade dos ferreiros no século XIX, nela a autora identifica comportamentos considerados típicos das culturas africanas na medida em que há uma incorporação das novidades a partir dos padrões tradicionais. Para dar densidade à sua argumentação, busca no passado mais remoto os elementos a partir dos quais constrói sua análise. Dessa forma, aborda os vários significados que os ferreiros têm para as sociedades centro-africanas, simbólicos e materiais, ligados à agricultura, à guerra, à organização social e política. Mas antes de entrar no universo centro-africano, apresenta o problema pelo lado português, com o qual temos mais familiaridade, mais próximo do nosso próprio mundo mental, preparando o terreno, facilitando o contato com o que é mais distante de nós mesmos e, portanto, mais difícil de ser apreendido em sua particularidade. Assim, ao estruturar seu texto de forma extremamente habilidosa, nos leva à compreensão do problema a partir da ótica das sociedades africanas, de culturas essencialmente diferentes daquelas que estão nas matrizes de nossas próprias perspectivas.

Os portugueses que primeiro chegaram à costa da atual Angola queriam encontrar metais preciosos que acelerassem sua inserção no circuito das trocas comerciais e suprissem sua carência nessa área. Isto

HOMENS DE FERRO 9

se tornou quase uma obsessão, fazendo com que ignorassem os seguidos indícios da inexistência de ouro e prata nas terras dos povos centro-africanos. Antes da mercadoria humana se tornar fonte de lucros altíssimos e indispensável para mover o empreendimento econômico na América, a busca por minas justificou o investimento de recursos materiais e humanos em terras inóspitas e bravamente defendidas pelos povos que ali habitavam. Uma vez convencidos da inexistência de metais preciosos, quiseram controlar as regiões produtoras de ferro e cobre, metais que também tinham que importar. Mas esbarraram na pertinácia branda e intransponível dos chefes africanos que tudo faziam para manter o controle sobre a extração e transformação do ferro, que além das vantagens econômicas era elemento crucial na forma como organizavam suas sociedades e estruturas de poder.

Essa barreira imposta pelos centro-africanos protegeu por séculos o minério das investidas portuguesas que buscavam sua exploração, mas também trouxe dificuldades ao pesquisador, pois as informações a ele relacionadas foram mantidas fora do alcance do conquistador europeu. Para contornar essa dificuldade, Juliana recorreu à análise dos mitos coletados por observadores do passado ou que chegaram até o presente pela transmissão oral. Foi só a partir do final do século XVIII e no século XIX que os registros acerca das atividades dos ferreiros tornaram-se um pouco menos raros. Mas mesmo as notícias contidas nos relatos de exploradores, assim como nos documentos administrativos portugueses, são fragmentadas e parcas devido ao cuidado com que os centro-africanos protegiam tudo que dizia respeito à ação dos ferreiros.

Homens de uma categoria especial, capazes de transformar a natureza, associados às dimensões invisíveis da existência e, portanto, detentores de qualidades especiais, funcionavam também como intermediários culturais, pois se movimentavam constantemente pelos territórios de alguma forma articulando grupos sociais diversos e propiciando a circulação não só dos valiosos objetos que produziam, mas também de elementos simbólicos. Com o fim do tráfico de escravos, quando os interesses portugueses na região se voltaram para o comércio de cera, borracha e marfim entre outros produtos locais, sendo ao mesmo tempo introduzidas várias mercadorias europeias nos circuitos de trocas, os ferreiros adquiriram um destaque especial, principalmente por serem indispensáveis para a manutenção das armas de fogo, cada vez mais necessárias. A análise das suas atividades e do lugar por eles ocupado nas relações entre africanos e portugueses é paradigmática de um momento histórico em que as mudanças em curso não afetaram a organização básica das sociedades africanas, que por algum tempo ainda mantiveram o controle sobre sua produção e sobre o comércio, incorporando as novidades a partir dos padrões tradicionais. Isso se deu em grande parte devido à fragilidade militar e administrativa dos portugueses, que foram gradativamente se enraizando no território angolano, até chegar às formas de dominação colonial do século XX.

Com uma escrita agradável, pesquisa original e dialogando com os principais trabalhos até agora publicados, Homens de ferro é um livro que apresenta temas inéditos não só para o público brasileiro, mas para todos os interessados em história da África. Portanto, muito me orgulho ao ver meu nome associado a ele, na medida em que faço parte da corrente que começa a ganhar força e a se adensar em terras que, a despeito de muito dever aos africanos, não deu a merecida atenção àquele continente, principalmente na área dos estudos históricos.

São Paulo, agosto de 2010

Marina de Mello e Souza
Professora de História da África – FFLCH/USP

Introdução

O interesse em realizar essa monografia surgiu a partir do estudo dos oratórios mineiros classificados como afro-brasileiros, em caráter de iniciação científica, pertencentes ao Museu do Oratório, em Ouro Preto, Minas Gerais. Esses artefatos, cuja maioria fora confeccionada em ferro, despertaram grande curiosidade em compreender a utilização prioritária desse metal. Ao investigar o sentido simbólico do ferro no continente africano, bem como os múltiplos papéis desempenhados pelos especialistas que o produziam, o projeto de aprofundar a questão dos ferreiros em África começou a ser pensado.

Esse estudo, portanto, tem como objetivo compreender a atuação dos ferreiros na África central no século XIX. Apesar de ter focado nesse momento histórico, ficou evidente, através das pesquisas, que uma compreensão mais bem detalhada desses especialistas só seria possível recorrendo à longa duração. Ou seja, seria impossível entender o significado de ser ferreiro no século XIX, sem se debruçar sobre os períodos anteriores, principalmente a partir dos primeiros contatos dos africanos com os europeus.

O conhecimento da metalurgia do ferro na África central é bastante antigo. O impacto da presença do ferro nessa extensa área afetou as relações sociais e econômicas das populações locais de tal maneira que os profissionais que dominavam esse saber passaram a ter uma posição cada vez mais diferenciada dentro das sociedades. E, ao contrário de outras regiões da África, a maioria dos ferreiros da região centro-ocidental nunca se organizaram em comunidades restritas ou separadas.

A importância desses ferreiros aparece nos mitos referentes a eles, abundantes em toda a África central. Esses mitos, cuja figura do ferreiro aparece em destaque, geralmente relacionam esses especialistas à realeza, ao poder e ao mundo invisível.

Esses antecedentes são preciosos para a compreensão das tensões provocadas a partir do contato entre africanos e portugueses, principalmente no que diz respeito ao controle das riquezas minerais do continente, que perpassaram o século XIX. Enquanto os europeus tinham basicamente um interesse econômico nesses minerais, os nativos possuíam uma concepção bastante diferente. A forma peculiar dos africanos da África central organizarem o mundo, baseada no equilíbrio entre os mundos vegetal, animal e mineral, fazia com que estes se relacionassem de uma outra maneira com os minerais, inclusive com o ferro.

Os ofícios ligados à transformação da natureza eram considerados extremamente importantes e ao mesmo tempo perigosos. Dessa forma, a exploração do ferro pelos especialistas africanos era realizada a partir do cumprimento de regras e rituais associados a esferas não humanas. Assim, o sucesso da fundição do ferro dependia também de elementos que não estavam diretamente ligados ao processo técnico. Para alguns povos africanos, a fundição do ferro chegava mesmo a corresponder à procriação. Essa ideia aparecia refletida nos fornos, que eram construídos com características femininas.

Os ferreiros da África central não tinham o papel apenas de produzir o ferro ou de manufaturar artigos como facas e enxadas. Em

HOMENS DE FERRO 13

muitas localidades, eles eram considerados reguladores da fertilidade por estarem associados aos espíritos da terra, desempenhando importantes funções junto ao chefe. Em outras regiões, os ferreiros tinham um papel de extrema importância nas cerimônias de entronização e morte de reis. Além disso, como fazia parte da função do ferreiro circular para procurar novas minas ou vender suas produções, esses especialistas acabavam trocando conhecimentos e levando até suas comunidades informações e notícias de outras regiões.

Por isso, nessa pesquisa, optou-se por não delimitar um povo ou uma área específica da África centro-ocidental, justamente pelo fato dos ferreiros serem homens que estavam sempre em movimento. Esses especialistas sempre transcenderam suas filiações étnicas e familiares, bem como as barreiras físicas. A delimitação está, portanto, muito mais ligada às restrições das informações presentes nas fontes, do que no alcance desses homens.

É importante lembrar que é apenas no século XIX que os europeus começam a conhecer a África de maneira mais aprofundada, principalmente a partir da iniciativa das expedições de cunho científico e da ampliação do chamado comércio legal. Esses fatores contribuíram enormemente para a produção de fontes com informações sobre as regiões e povos mais interioranos da África central.

Por isso, para a realização desse estudo foram utilizadas fontes variadas, mas principalmente os relatos de viajantes e comerciantes que circularam pelas áreas mais distantes da costa centro-ocidental no século XIX. As informações contidas nos relatos desses homens são extremamente importantes para a compreensão das dinâmicas das relações não apenas entre europeus e africanos, mas entre os próprios nativos. Além disso, como parte desses viajantes correspondia aos interesses científicos da época, nesses relatos há uma abundância de descrições dos recursos naturais do território, inclusive os minerais e a sua forma de exploração local. Dessa forma, os ferreiros são sempre citados nos relatos, mesmo que muitas vezes de maneira ligeira ou superficial.

Os viajantes consultados foram o português Alexandre Alberto de Serpa Pinto, oficial do Exército; os portugueses Roberto Ivens e Hermenegildo Capelo, oficiais da Marinha; o português Antônio Francisco da Silva Porto, comerciante sertanejo e explorador; o missionário escocês David Livingstone; o inglês Verney Lovett Cameron, membro da Marinha britânica; e o explorador francês Paul Belloni Du Chaillu.[1]

Outros tipos de fontes também foram utilizados, como os códices 82 e 83 da Coleção Lamego, pertencente ao Instituto de Estudos Brasileiros (IEB/USP). Esse acervo possui cartas e portarias referentes ao governo de D. Francisco Inocêncio de Sousa Coutinho (1764 a 1772). Nesse corpo documental há muitas informações sobre a criação, funcionamento e declínio da Fábrica de Ferro de Nova Oeiras, cuja compreensão é fundamental para o entendimento da atuação dos ferreiros africanos em fins do século XVIII.

Contou-se ainda com documentos referentes à colonização das regiões mais ao sul de Angola, como Moçamedes, que fez parte de um projeto maior de ocupação efetiva das possessões portuguesas em África

---

1   As obras são: CAPELO, Hermenegildo; IVENS, Roberto. *De Benguela às Terras de Iaca*. Portugal: Publicações Europa-América, s/d, vol. 1 e 2. *De Angola à Contra Costa*. Portugal: Publicações Europa-América, s/d. SERPA PINTO, Alexandre Alberto de. *Como Eu Atravessei África*. Londres: Sampson Low, Marston, Searle e Rivington editores, 1881, vol. 1 e 2. SILVA PORTO, Antonio Francisco da. *Viagens e Apontamentos de um Portuense em África*. Portugal: Divisão de Publicações e Biblioteca/Agência Geral das Colônias, 1942. LIVINGSTONE, David. *Viagens de Exploração no Zambeze e na África Central*. Porto, Livraria Universal, 1880. CAMERON Verney Lovett. *Across Africa*. Londres: Daldy, 1877, vol. 1 e 2. DU CHAILLU, Paul Belloni. *Voyages et Aventures dans L'Afrique Équatoriale*. Paris: INLCO/ AUPELF, 1975.

HOMENS DE FERRO   15

a partir do século XIX. Esses documentos estão publicados em diversos tomos e estão disponíveis na Casa de Portugal, em São Paulo.[2]

A escolha do século XIX como periodização principal está relacionada justamente às inúmeras transformações na relação entre europeus e africanos, ocorridas a partir desse momento. Para Portugal, que teve um papel significativo na região centro-ocidental, esse período significou muitas perdas. A independência do Brasil, em 1822, por exemplo, fez com que as atenções se voltassem para o continente africano. Outros países da Europa passavam ainda pelo processo de industrialização cada vez mais crescente e buscavam a ampliação dos mercados consumidores, além de fornecedores de matérias-primas baratas, o que contribuiu também para que a África fosse reconhecida como uma grande possibilidade de enriquecimento.

O acirramento da disputa entre as potências europeias nesse momento teve reflexos significativos em toda a África central. Nesse período, houve a tentativa de retomar as atividades das minas já conhecidas pelos portugueses cujas explorações foram, na maioria das vezes, mal-sucedidas.

O século XIX e o fim do tráfico de escravos também contribuíram enormemente para o desenvolvimento do comércio "lícito" de produtos como o marfim, a cera, a borracha e também de metais como o cobre e o ferro. Esse comércio, que englobou cada vez mais as regiões interioranas, teve o envolvimento ativo dos africanos, inclusive dos ferreiros, que se integraram rapidamente nessas redes comerciais.

A solicitação pelos serviços desses profissionais aumentou significativamente nesse período. Os artigos de ferro cada vez mais eram solicitados para serem trocados por produtos europeus, como tecidos e

---

2   Casa de Portugal. *Angola. Apontamentos sobre a Colonização dos Planaltos e Litoral do Sul de Angola. Documentos*. Portugal: Divisão de Publicações e Biblioteca Agência Geral das Colônias, 1940.

16   JULIANA RIBEIRO DA SILVA

miçangas. As enxadas, que já eram usadas como moedas de troca em séculos anteriores, tiveram a sua produção aumentada e em algumas regiões, controlada pelos sobas.

O acirramento do chamado comércio legal assistiu à entrada de armas de fogo na região centro-africana de forma sistemática. Logo esse objeto entrou na lista de mercadorias preferenciais dos africanos, fazendo com que os ferreiros rapidamente se adequassem a essa nova realidade. De forma surpreendente, esses especialistas conseguiram consertar essas armas e ainda reproduzir parte delas, bem como passaram a fabricar projéteis feitos de ferro. É possível afirmar, portanto, que esses especialistas não desperdiçaram as oportunidades que os envolviam.

A pesquisa termina no ano de 1884 por conta da realização da Conferência de Berlim, que culminou na colonização de fato dessas regiões pelos europeus. Essa ocupação resultou numa perda de autonomia dos africanos, cujo processo já era perceptível em décadas anteriores.

No Brasil, não há conhecimento da existência de pesquisas específicas sobre os ferreiros na África central. Em alguns outros países elas existem, mas são ainda escassas. É possível perceber que grande parte dos estudiosos que pesquisam a metalurgia, não apenas na região centro-africana, dá mais atenção aos aspectos técnicos que envolvem o ferro, deixando em segundo plano aqueles que o produzem.[3] Além disso, pode-se afirmar que grande parte dos estudos sobre os ferreiros envolve a chamada região ocidental da África.[4]

---

3   Como exemplos temos, MILLER, Duncan E. & VAN DER MERWE, Nikolaas J. Early. Metal Working in Sub- Saharan Africa: A Review of Recent Research. *Journal of African History*, vol. 35, n. 1, (1994), 1-36. CHILDS, S. Terry. Style, Technology, and Iron Smelting Furnaces in Bantu- Speaking Africa. *Journal of Anthropological Archaeology*, vol. 10, n. 4, 1991. E ainda, PHILLIPSON, D.W. The Chronology of the Iron Age in Bantu Africa. *The Journal of African History*, vol. 16, n.3 (1975), 321-342.

4   A obra *The Mande Blacksmiths*, de Patrick Mc Naughton é talvez a mais representativa. Bloomington: Indiana University Press, 1988.

HOMENS DE FERRO 17

Um dos estudos pioneiros sobre os ferreiros em várias regiões do mundo é o de Mircea Eliade intitulado *Ferreiros e Alquimistas*.[5] Mas o próprio autor afirma que "mal começamos a conhecer a história cultural e as mitologias da metalurgia africana". Assim, quase não menciona os ferreiros africanos. De qualquer forma, Eliade mostra que, apesar das diferenças existentes entre esses especialistas em cada região do mundo, eles apresentam muitas semelhanças, principalmente no que diz respeito às simbologias de suas ferramentas e do próprio processo.

Eugenia W. Herbert é outra importante estudiosa sobre os ferreiros na África. Em *Iron, Gender and Power*,[6] a autora aborda a metalurgia do ferro aliada à cosmologia que a envolve. Assim, na primeira parte do livro, Herbert discorre sobre a metalurgia do ferro como uma transformação e os rituais que os ferreiros deviam cumprir na realização do processo de fundição do ferro e também da forja. A fertilidade e a noção do processo de fundição como procriação são também analisadas. Na segunda parte da obra, a autora discute a associação entre a metalurgia do ferro e o poder, além das questões de gênero. A ideia do rei-ferreiro, presente nos mitos e no imaginário de muitos povos, principalmente da África central, é focada tendo como base os seus aspectos sociais e simbólicos.

Um outro estudo da mesma autora, intitulado *Red Gold of Africa*,[7] discorre sobre o cobre na África desde os tempos antigos até o século XIX. Apesar de não tratar do ferro, a autora em muitos momentos da obra fornece informações sobre a questão desse metal. Na primeira parte da obra, a autora foca nos aspectos, inclusive simbólicos, que envolvem a figura do especialista do cobre, além dos processos

---

5 ELIADE, Mircea. *Ferreiros e Alquimistas*. Lisboa: Relógio d'água, s/d.

6 HERBERT, Eugenia. *Iron, Gender and Power*. Bloomington/Indianopolis: Indiana University Press, 1993.

7 HERBERT, Eugenia. *Red Gold of Africa*. Wisconsin: The University of Wisconsin Press, 1984.

18   JULIANA RIBEIRO DA SILVA

de exploração. Na segunda parte, a ênfase é dada ao comércio do cobre em diversas regiões da África. Inicialmente, Herbert discorre sobre o comércio interno do metal, antes da chegada dos europeus no continente. Logo em seguida, a autora enfatiza esse comércio já com a presença europeia e finaliza com a discussão sobre a economia do cobre no século XIX. Na terceira parte do livro, Herbert se dedica ao estudo do cobre na sociedade africana tradicional, como meio de troca, de expressão artística e do poder.

Esse estudo sobre o cobre oferece importantes subsídios para o estudioso da metalurgia do ferro, já que muitos aspectos que envolvem o cobre também estão ligados a esse metal, como as formas de comercialização e a ligação com o poder. Além disso, Herbert faz um excelente panorama do século XIX, uma grande contribuição para os estudiosos do período.

Existem alguns artigos que enfocam os ferreiros africanos e a questão do ferro. O artigo "Symbolism and the Social Contexts of Iron Production in Karagwe"[8] aborda a produção do ferro nesse reino do século XIX (atual Tanzânia), através da combinação da arqueologia com o estudo dos aspectos simbólicos. Trata-se de um interessante estudo que envolve os rituais e segredos associados à figura do ferreiro e aos seus objetos de trabalho e ainda da relação do ferreiro com o poder. Apesar de ser um estudo de um reino específico, o artigo apresenta aspectos também encontrados em outras regiões da África central.

Já o artigo "The Coming of Iron to Some African Peoples"[9] aborda a questão dos ferreiros a partir de uma outra perspectiva. Trata-se da reunião de alguns mitos da África central que enfatizam a chegada do

---

8   REID, Andrew & Mac Lean, Rachel. Symbolism and the social contexts of iron production in Karagwe. *World Archaeology. Simbolic Aspects of Early Technologies*, vol. 27, n.1, junho de 1995.

9   WAINWRIGHT, G. A. The Coming of Iron to Some African Peoples. *Man*, vol. 42 (Set. Out, 1942), 103-108.

HOMENS DE FERRO 19

ferro para as populações africanas, sendo de grande importância para os estudiosos que trabalham com o assunto.

O artigo "Iron is Iron Til it is Rust: Trade and Ecology in The Decline of West African Iron-Smelting"[10] traz uma nova perspectiva na análise das causas do declínio das indústrias africanas do ferro. Candice Goucher argumenta que a decadência da produção de ferro não pode ser explicada apenas como resultado direto da competição tecnológica dos europeus. A autora afirma que, no caso da África ocidental, o desmatamento causado pela exploração ambiental (particularmente do carvão) e mudanças climáticas devem ser levados em consideração em qualquer explicação sobre o declínio das indústrias de ferro. A dependência da indústria local pelo carvão acarretou inúmeros problemas, já que apenas algumas espécies de árvores forneciam o combustível adequado para o processo de fundição do ferro.

Certamente, a maior referência para o estudo dos ferreiros na África central é a obra de Colleen E. Kriger *Pride of Men*,[11] resultado de uma ampla pesquisa sobre o papel dos ferreiros na região central no século XIX, mais propriamente entre o período de 1820 e 1920. Como metodologia, a autora utilizou o método denominado *Words and Things*, que ficou amplamente conhecido através do africanista Jan Vansina. Assim, a autora utiliza um vasto corpo documental, que inclui as línguas bantu e a cultura material. Kriger realizou ainda pesquisa de campo na qual entrevistou anciãos da região de Lopanzo, na atual República Democrática do Congo, para colher informações sobre o trabalho do metal no presente e no passado.

---

10 GOUCHER, Candice L. Iron is Iron Til it is Rust: Trade and Ecology in the Decline of West African Iron-Smelting. *The Journal of African History*, vol. 22, n. 2 (1981), 179-189.

11 KRIGER, Colleen E. *Pride of Men. Ironworking in 19th Century West Central Africa*. Porthsmouth, N.H: Heinemann, 1999.

Logo na primeira parte da obra, Colleen Kriger apresenta os argumentos que norteiam o livro. A autora defende, por exemplo, que a expansão econômica no século XIX assistiu ao florescimento e não ao declínio de uma tradição artesanal desenvolvida há dois mil anos. Diferentemente da maioria dos estudiosos do assunto, Kriger também aponta que a contribuição dos ferreiros para a caça e para a produção agrícola é realmente importante, mas que apenas isso não é suficiente para explicar o seu alto valor para a sociedade. Ainda na primeira parte do livro, Colleen Kriger faz uma ampla discussão sobre a produção de ferro na África central, ao longo de muitos séculos. A autora ressalta as limitações do conhecimento sobre a metalurgia, além de apontar as evidências arqueológicas da fundição e forja na África central.

Na segunda parte da obra, Kriger aborda os fatores sociais e econômicos da metalurgia do ferro, enfatizando o processo de fundição, do trabalho da forja, além da produção de ferro como moeda de troca. Na terceira parte, a autora recorre à história local, através de dois estudos de caso envolvendo ferreiros numa região específica: o exemplo do reino Kuba, cujos ferreiros eram os artesãos mais respeitados e, o caso de Lopanzo, uma cidade fundada por ferreiros, que se transformou num grande centro produtor de ferro. Na quarta e última parte da obra, a autora discorre sobre os aspectos identitários e ideológicos que envolvem a figura do ferreiro.

É possível perceber, através da rápida apresentação de *Pride of Men* que a obra de Colleen Kriger representou um grande avanço no estudo da metalurgia do ferro na África central. A sua pesquisa, de enorme fôlego, transformou-se rapidamente na maior referência sobre o tema, sendo impossível a qualquer estudioso não usá-la como base para novas pesquisas.

Essa pesquisa se baseia enormemente nas considerações apontadas por Kriger em *Pride of Men*, entretanto, possui suas especificidades. Primeiramente, há a utilização de fontes que não foram consultadas pela autora, principalmente as de origem portuguesa, fundamentais para compreender essa região dominada predominantemente por Portugal. Segundo, enquanto Kriger critica a utilização de mitos ligados à figura do ferreiro, esse trabalho considera fundamental a compreensão da existência desses de maneira disseminada em quase toda a África central. Terceiro, esse trabalho enfatiza a atuação dos ferreiros diante das transformações ocorridas no século XIX. A compreensão da entrada maciça de armas de fogo nesse período é considerada imprescindível para o entendimento da capacidade de adaptação dos ferreiros frente às novidades, tirando ainda proveito delas. E, por último, apesar de concordar plenamente com a autora, que o século XIX assistiu ao florescimento do trabalho da metalurgia do ferro, inclusive por causa dessas transformações, foi ainda nesse século que esses profissionais passaram a perder a sua hegemonia.

O presente estudo está dividido em três capítulos.

O primeiro capítulo, *Portugueses e Africanos: o interesse pelos minerais*, discute a divergência de interesses entre portugueses e africanos no que diz respeito aos minerais da África central. Nesse capítulo, procura-se mostrar que a diferença de concepção sobre os minérios foi um grande dificultador da exploração dos minerais pelos portugueses. Desde os primeiros contatos entre europeus e africanos, os primeiros encontraram muita hostilidade por parte dos nativos quando havia a tentativa de dominar e explorar alguma mina. Obviamente, o insucesso da exploração desses minérios também estava ligado ao desconhecimento do território e à falta de conhecimento técnico por parte dos portugueses.

Os mitos associados à metalurgia do ferro, disseminados em muitas regiões centro-africanas bem como os papéis simbólicos desempenhados pelos especialistas na fabricação do ferro são alguns exemplos de como, ao contrário dos portugueses, a relação dos nativos com os minerais transcendia os aspectos econômicos. Controlar uma mina significava, muitas vezes, adquirir legitimidade política e reforçar a ideia do rei-ferreiro, amplamente presente na África central.

O segundo capítulo, *Um novo olhar sobre a África*, tem como objetivo apresentar um panorama do século XIX, ressaltando as muitas transformações vividas tanto pelos países europeus quanto pelos africanos. Nesse período, Portugal contabilizava a perda do Brasil e procurava uma nova fonte de rendimentos, já outros países da Europa, que passavam pelo processo de industrialização, buscavam novos mercados consumidores e fornecedores de matérias-primas. Assim, o continente africano parecia ser a resolução de todos os problemas, e logo os países europeus passaram a olhar a África como uma grande possibilidade de enriquecimento por outras vias que não a de fornecimento de mão-de-obra.

Nesse capítulo serão abordadas também, as já citadas disputas entre as potências europeias, que culminaram na criação de projetos de ocupação efetiva do território, bem como as expedições de caráter científico para a identificação das potencialidades naturais da região.

E, por último, será discutida a questão do comércio dito legal e de longa distância que teve a ativa participação dos africanos. A compreensão da complexidade das redes comerciais nesse momento fornece elementos fundamentais pra refletir não apenas sobre a integração dos ferreiros nessas redes, mas também sobre o processo de perda de hegemonia e independência dos africanos a partir da sutil introdução, por parte dos portugueses, de novas ideias, valores e mercadorias.

O terceiro capítulo, *Homens de ferro*, tem por objetivo compreender a atuação dos ferreiros frente às transformações ocorridas no século XIX que envolveram diretamente o ofício. Inicialmente, serão abordados os aspectos simbólicos que envolvem o processo de fundição e de forja do ferro. Os rituais e cumprimentos de regras sempre estiveram ligados ao trabalho do ferreiro, até mesmo no século XIX, e eram imprescindíveis para o sucesso do trabalho.

Esse capítulo enfatizará também a necessidade de movimentação desses profissionais para a realização do trabalho. Seja para procurar novas minas ou para vender os artigos de ferro, a circulação desses ferreiros aumentou ainda mais no século XIX devido ao surgimento de novas demandas. Ficará claro também que ao circularem esses ferreiros trocavam conhecimentos com outros profissionais, o que acabava refletindo-se não apenas nos modelos dos fornos, mas também na linguagem para designar certos objetos envolvidos no processo.

E finalmente, o capítulo foca a questão das armas de fogo. Esses objetos ampliaram visivelmente as possibilidades de atuação desses profissionais, que, de maneira muito inteligente, se adaptaram a essa presença mais sistemática, tirando muitos proveitos da nova situação.

A intenção principal dessas divisões formais das temáticas discutidas no trabalho é possibilitar um acompanhamento inteligível das escolhas e recortes efetuados ao longo da pesquisa.

Capítulo I

L'Illustation Congolaise, n. 49, 1er Mars 1926, p. 803

Portugueses e Africanos:
O interesse pelos minerais

Ao contrário do que muitas vezes se imagina, o grande interesse inicial dos portugueses no continente africano não estava apenas na obtenção de mão-de-obra escrava, mas também na busca por minerais. O objetivo principal, ou melhor, a obsessão dos portugueses, era encontrar o ouro e a prata. Isto explica a importância absoluta dos mitos que anunciavam a existência, em diversas partes da África, de inesgotáveis minas de prata, capazes de concorrer com as famosas minas de Potosí, controladas pela Espanha. O caráter obsessivo desses mitos explica também o precário conhecimento português das reais potencialidades do território. Assim, o cobre e o ferro, além do sal e do enxofre apenas posteriormente, passaram a fazer parte da lista dos anseios de Portugal.

Logo a partir dos contatos iniciais entre portugueses e africanos, os primeiros notaram que essa busca por metais não seria fácil, apesar dos constantes rumores da existência de inesgotáveis minas tanto de ouro quanto de prata em várias regiões da África. Essa dificuldade não se dava apenas pelo desconhecimento do território e dos acessos a essas localidades. A questão principal era que as minas, fossem elas de sal

28 JULIANA RIBEIRO DA SILVA

ou ferro, por exemplo, muitas vezes eram as bases do poder de muitos reinos africanos e a relação que esses reinados possuíam com estas ia muito além da questão meramente econômica. Os minerais estavam inseridos numa visão de mundo marcada pela ideia de equilíbrio entre as várias forças da natureza. O funcionamento da sociedade só estaria garantido se o mundo vegetal, o mineral e o animal estivessem em harmonia e qualquer forma de desequilíbrio poderia resultar em catástrofes sociais.

Por isso, desde os primeiros contatos, ainda no século XV até o chamado período colonial, a relação dos portugueses com os africanos no que diz respeito à exploração dos minerais foi marcada pela tensão e muitas vezes pela violência. Durante vários séculos, os africanos evitaram o acesso dos portugueses a essas minas através da criação de armadilhas e informações equivocadas sobre a localização das mesmas, buscando manter o controle dessas nas mãos de chefes e reis.

Só para se ter uma ideia da dificuldade do acesso dos portugueses a essas localidades, numa publicação de 1960, de autoria do engenheiro de Minas J. Bacellar Bebiano, que também foi chefe da repartição de Geologia e Minas de Angola, o autor relata que quando precisava fazer o reconhecimento oficial dos jazigos de magnetite em Angola, os trabalhadores locais sempre escolhiam um trajeto muito longo, evitando a travessia de um pequeno monte que tornava o percurso mais curto. Segundo ainda Bebiano, quando ele próprio insistia para seguir por outro caminho, esses mesmos funcionários não permitiam, inventando algumas desculpas. Certo dia, o engenheiro tomou a decisão de seguir sozinho pelo dito monte. Pouco tempo depois de entrar numa mata fechada, ele encontrou um grande número de foles de ferreiros,

> Uns de barro, tendo ainda ligados pedaços de pele, outros de madeira já carcomida e atacada pela formiga salalé. Junto desses foles ainda existiam pedaços de escória. Um estudo mais completo do

> local indicou que se tratava de área onde outrora se forjava e fundia ferro para, possivelmente, se fabricarem enxadas, machadinhas, setas, facas e lanças para fins bélicos ou cinegéticos.[1]

Certamente, próximo à região onde foram encontrados os restos de fundição, deveria existir algum depósito de minério de ferro, que em tempos anteriores foram explorados pelos africanos. Inicialmente, os trabalhadores não teriam motivos para impedir o contato do engenheiro com essa localidade, já que, conforme indica o documento, os ferreiros não trabalhavam mais ali, no entanto, os rastros da fundição e da forja poderiam oferecer pistas ao português sobre uma possível potencialidade de exploração da área. Além disso, os locais onde estavam localizados os resquícios de fundição e forja poderiam ainda denunciar os aspectos simbólicos envolvidos no processo, altamente reprimidos por Portugal no período colonial.

É em parte por esses motivos que os documentos portugueses dificilmente fornecem informações precisas a respeito da localização de minas, o que torna tarefa bastante difícil conseguir mapear as minas de ferro com precisão. Aparecem de modo mais claro na documentação apenas as minas de ferro que de fato chegaram a ser exploradas pelos próprios portugueses. Nem mesmo as trocas comerciais envolvendo minerais, realizadas entre africanos e portugueses permitiram os lusitanos de conhecerem a procedência desses produtos. Primeiro porque, como já citado anteriormente, os próprios africanos não tinham interesse em divulgar a localização das minas e segundo porque, na maioria das vezes, quando o ferro chegava nas mãos dos portugueses, este já havia passado pelas mãos de muitos comerciantes. Assim, nem sempre a venda era feita diretamente pelo produtor, como será visto posteriormente.

---

1 BEBIANO, J. Bacellar. *Notas sobre a Siderurgia dos Indígenas de Angola e de Outras Regiões Africanas*. Lisboa: Diamang, 1960.

30 JULIANA RIBEIRO DA SILVA

De qualquer forma, é preciso compreender, por um lado, o interesse dos portugueses pelos minerais em África desde os tempos dos primeiros contatos e o modo como as explorações eram realizadas, e por outro, a relação que os próprios africanos tinham com esses minerais, mais especificamente o ferro. Cruzar esses diferentes interesses nos permite entender, além das tensões que marcaram a relação entre portugueses e africanos, os diversos papéis desempenhados por aqueles que detinham o conhecimento da exploração dos minérios, isto é, os ferreiros.

No meio da grande tensão ocasionada pelo choque de interesses, esses profissionais acabavam ficando em evidência, mesmo que nos documentos estes apareçam de maneira discreta e sutil. Os ferreiros eram aqueles que acabavam ficando no meio do "fogo cruzado", pois ao mesmo tempo em que eram assediados pelos portugueses, eram protegidos e também controlados pelos chefes africanos.

Os portugueses e os minerais

Em sua obra *Portugal e África*, David Birmingham, afirma que é uma simplificação excessiva pensar que os metais preciosos estavam entre as maiores preocupações dos portugueses e que, na verdade, eles estavam interessados em qualquer atividade econômica que pudesse dar lucro.[2]

O fato é que a possibilidade de encontrar minerais sempre esteve presente no imaginário português de maneira bastante intensa. A ânsia em encontrar as tão sonhadas minas fez com que Portugal acreditasse em quaisquer rumores que apontassem possíveis minerais, fossem eles cobre, ferro, ouro ou prata. Qualquer pedra com uma cor ou formato incomum já servia para exaltar os ânimos de uma possível descoberta. A busca por esses minerais ocorreu durante todos os séculos em que Portugal esteve em contato com a África, o que não significa afirmar

---

2 BIRMINGHAM, David. *Portugal e África*. Lisboa: Vega, 2003, p. 61.

HOMENS DE FERRO 31

que as investigações e pesquisas tenham se dado de maneira sistemática e efetiva. Muito pelo contrário, o que se percebe é que Portugal apresentava um grande despreparo em lidar com essas possíveis explorações. Faltavam recursos e especialistas e, certamente, a carência desses últimos fez com que o imaginário de uma África repleta de metais preciosos fosse constantemente realimentado por parte dos leigos que faziam essas buscas em terras africanas. Quando surgia alguma notícia sobre a existência de minas, o rei enviava rapidamente um emissário, que não necessariamente era um conhecedor da mineração.[3]

É importante lembrar ainda que, de acordo com Russell-Wood, os portugueses que estavam fisicamente "fora do império" podiam ser divididos em quatro categorias: os que estavam ao serviço do rei e da pátria, ou de Deus; aqueles cuja motivação era primariamente o interesse próprio; os que foram perseguidos a ponto de saírem da área de efetivo controle administrativo português; e os andarilhos cuja sorte os colocou fora do império.[4]

De qualquer forma, em algumas regiões da África, Portugal teve acesso a muitas minas e parte desses minerais acabou enriquecendo os cofres portugueses. A conquista de Ceuta, em 1415, inscreve-se numa dinâmica expansionista dos reinos europeus e cristãos e em circunstâncias concretas da realidade portuguesa e ibérica do século XV. Portugal estava ameaçado pela guerra com Castela, que tinha pretensões de absorver o pequeno reino ocidental. Essa ameaça à independência

---

3 No que diz respeito à região centro-africana, segundo Alberto da Costa e Silva, o padre Francisco de Gouveia foi um dos que, ao mandar correspondências para Lisboa, descrevia as jazidas de prata, cobre e sal e, insistia "sobre o quão fácil era dali chegar-se por terra até Moçambique e as minas do Monomotapa". SILVA, Alberto da Costa e. *A Manilha e o Libambo*. Rio de Janeiro: Nova Fronteira: Fundação Biblioteca Nacional, 2002, p. 407-8.

4 RUSSELL-WOOD. A. J. R. Os portugueses fora do Império. In: BITHENCOURT, Francisco; CHAUDHURI, Kirti (orgs). *História da Expansão Portuguesa*. Navarra: Temas e Debates, 1998, vol. 1, p. 256.

32 JULIANA RIBEIRO DA SILVA

portuguesa é crucial para o entendimento da época e do início do contato com África: o país tinha de fortalecer-se para resistir à ameaça castelhana; necessitava de um exército treinado, de uma frota numerosa e de pontos de apoio exteriores ao território continental.[5]

A conquista de Ceuta também possibilitou aos portugueses a obtenção de informações sobre as terras dos negros da região do Alto Níger e do rio Senegal, bastante ricas em ouro. Logo estes começaram a concretizar a possibilidade de estabelecer contato com essas terras pelo mar, desviando o comércio do ouro das caravanas de camelos e dos intermediários muçulmanos.[6]

Segundo Boxer, o ouro em pó foi inicialmente obtido por meio de troca com os tuaregues em 1442, e não se sabe ao certo que quantidade de ouro foi levada da África ocidental para Portugal. Entretanto, deve ter sido uma quantidade substancial, já que a Casa da Moeda de Lisboa retomou, em 1457, a emissão de moedas de ouro. Por outro lado,

> Os portugueses nunca conseguiram descobrir a enganosa fonte de ouro do ocidente africano e do Sudão que, como sabemos hoje, era extraído da região de Bambuque, no alto Senegal, de Mali, no Alto Níger, e de Lobi nas cabeceiras do rio Volta. Esse ouro, quase todo sob a forma de pó, no começo era transportado por carregadores através dos reinos de Mali e de Gana até Tombuctu, onde era comercializado com mercadores árabes e mouros, que o transportavam em caravanas de camelos pelo Saara até os Estados islâmicos do Norte da África, cujos portos eram frequentados por comerciantes judeus, genoveses e venezianos, entre outros.[7]

---

5   FARINHA, Antonio Dias. In: *História da Expansão Portuguesa, op. cit.*, p. 120.

6   Para mais detalhes ver: BOXER, Charles R. *O Império Marítimo Português*. São Paulo: Companhia das Letras, 2006, p. 35

7   *Idem*, p. 44.

HOMENS DE FERRO   33

Apenas mais tarde, através das feitorias localizadas na região costeira da Senegâmbia, os portugueses conseguiram desviar mercadorias desse comércio transaariano para seus próprios barcos e postos comerciais na costa. A construção do forte de São Jorge da Mina na chamada Costa do Ouro, em 1482, ordenada por D. João II, fez com que a quantidade de mercadorias desviadas aumentasse significativamente. O Forte dominou não só o comércio do ouro dessa região, mas também as aluviões dos rios da própria Costa do Ouro. Durante o reinado de D. Manuel I (1496-1521), importou-se só de São Jorge da Mina, uma quantia média anual de 170 mil dobras de ouro e, em alguns anos, soma muito maior.[8]

De acordo com Carlos Riley, a construção do Castelo de São Jorge da Mina marca um ponto de viragem na expansão ultramarina portuguesa em terras da Guiné. A elevação de São Jorge da Mina a categoria de cidade, em 1486, e o estabelecimento de relações comerciais com os reinos africanos circundantes acompanhados de vagos propósitos evangelizadores são sinais evidentes da fixação dos interesses do poder central na região do Golfo da Guiné, que, assim, procura aí salvaguardar o monopólio régio do ouro que, "doravante sujeito à fiscalização e controlo da Casa da Guiné e da Mina, serviria para financiar o prosseguimento da circum-navegação africana, a qual se transforma num inequívoco objetivo político da Coroa portuguesa no reinado de D. João II".[9]

A partir dos primeiros contatos dos portugueses com a região central da África, o interesse pelos minerais continuou sendo uma grande prioridade. O jesuíta Gouveia relatou, em 1563, que o sal era a principal riqueza de Angola. Certamente a princípio foi o comércio desse mineral um dos maiores atrativos dos portugueses. Segundo Birmingham, os africanos perderam muitas salinas logo

---

8   *Idem*, p. 44.

9   RILEY, Carlos. In: *História da Expansão Portuguesa, op. cit.*, p. 159.

34   JULIANA RIBEIRO DA SILVA

a partir da chegada dos europeus, o que deve ter tido um grande impacto no cotidiano dos africanos. Afinal, segundo o mesmo autor, o sal "é uma das primeiras mercadorias que as comunidades se esforçam por obter quando começam a completar o seu modo de existência com produtos permutados do exterior".[10] As minas localizadas ao sul do rio Cuanza eram, por exemplo, de grande qualidade e atraíam povos de diversas procedências.

Mas a extração do sal pelos portugueses não se deu de forma pacífica. Quando os portugueses tentaram adentrar as regiões mais interioranas para controlar as minas de sal, tiveram que enfrentar grande resistência. De acordo com Birmingham, no último quartel do século XVII, houve no lado sul do baixo Cuanza, várias batalhas nas quais os portugueses saíram sempre derrotados. A exclusão de qualquer empreendimento estrangeiro se manteve até o século XIX.[11]

O que levou os portugueses a insistirem nas muitas tentativas de dominação das jazidas de Quissama foram as despesas com as ações militares, aliadas às decepções provocadas pelo insucesso na implantação da agricultura, já que os solos ao redor de Luanda revelarem-se pobres. Segundo Alberto da Costa e Silva, "não bastavam para os gastos os cativos produzidos pela guerra. Era necessário encontrarem-se novas receitas. Como o sal, a moeda da terra. Ou a prata, tão apregoada e que convencera D. Sebastião a autorizar a aventura".[12]

Se por um lado os portugueses estavam desesperados em compensar seus gastos com a empresa da conquista, por outro, os nativos não estavam nem um pouco interessados em deixar que esses europeus dominassem suas fontes de comércio e riqueza. Os episódios de Quissama ficaram marcados pela mobilização dos

---

10   Birmingham. *Portugal e África.*, *op. cit.*, p. 63.

11   *Idem*, p. 64.

12   SILVA, Alberto da Costa e. *A Manilha e o Libambo, op. cit.*, p. 412.

HOMENS DE FERRO   35

ngolas para impedir que os portugueses dominassem um de seus grandes recursos econômicos.

Logo após a união das Coroas Ibéricas em 1580, a exploração mineradora dessa região passou a fazer parte das principais recomendações espanholas. Houve várias tentativas em explorar as possíveis minas de prata da região de Cambambe, a uns 160 km do Cuanza. Mas após um século de buscas descobriu-se que a existência de prata em suas serras não passava de uma lenda, pois as amostras colhidas revelaram-se de chumbo. Inicialmente havia o boato de que as minas de fato existiam, mas que a localização dessas seria de conhecimento exclusivo dos ferreiros do rei. Uma carta de um português que participou da busca chegou mesmo a afirmar que

> Minas há tão ricas, que tão somente os ferreiros do rei sabem onde estão e, quando querem tirar prata para el-rei, acham vergas tão grossas que não lhes fazem outros benefícios senão martelá-las e ajuntá-las umas às outras, de que fazem "mahungas" (provavelmente braceletes), e levam-nas ao rei.[13]

Segundo Alberto da Costa e Silva,[14] era a miragem da prata que animava Portugal a continuar investindo na dominação de regiões com potenciais mineratórios, já que pelos escravos bastava encostar um barco ou erguer uma feitoria. A exploração das minas exigia o controle das áreas onde se acreditava que ficassem. O autor relata ainda que

> Os jesuítas escreviam para Lisboa, dando certeza da enormidade delas. E um mineiro espanhol, Diego de Raquena, chegara a informar que havia estado na riquíssima Cambambe e que descobrira

---

13 DIAS, Gastão Sousa. *Manuel Cerveira Pereira*. Lisboa: Divisão de Publicações e Biblioteca, 1940, p. 16.

14 SILVA, Alberto da Costa e. *A Manilha e o Libambo, op. cit.*, p. 413-4.

em outros sítios mais 40 jazidas auríferas. E o próprio Paulo Dias de Novais mandava dizer que já localizara duas dúzias delas. Enganavam a Coroa e a si próprios. Ninguém acreditava em Baltazar de Castro, que durante o cativeiro, adquirira a certeza de que eram balela.[15]

Como já apontado anteriormente, os portugueses de fato queriam acreditar que em África existiam riquezas inesgotáveis. Por isso, nem mesmo a decepção ocorrida após a farsa de Cambambe fez com que os portugueses desistissem de encontrar um novo Peru. Qualquer pedra de aspecto diferenciado logo era enviada para Europa para ser analisada. Além disso, após a grande despesa provocada pela infrutífera ocupação de Cambambe, tornou-se cada vez mais indispensável a busca de uma nova riqueza.

Notícias vindas da região sul de Angola afirmavam a existência de cobre. Rapidamente foi ordenado ao governador de Angola, Manuel Cerveira Pereira (1603-1607) que firmasse um acordo com o soba Langere Ambumba, em cujas terras se julgava haver este metal em grande abundância. Pereira não tinha dúvida da existência do cobre e chegou a escrever ao rei que

O cobre é riquíssimo e muito; e para que V. Magestade mande ver a bondade dele, com esta vão catorze argolas que pesam 115 arráteis; estas tomaram uns negros meus no primeiro assalto e por entenderem que não era coisa de consideração, me disseram que não trouxeram muito; e, quando os negros tiram isto, considere V. Magestade o que será por fundidores e mineiros que o sabem.[16]

---

15 *Idem*, p. 414.

16 DIAS, Gastão Sousa. *Manuel Cerveira Pereira*. Lisboa: Divisão de Publicações e Biblioteca, 1940, p. 17.

As pedras extraídas da mina foram examinadas em Lisboa e da sua fundição resultou outra decepção: não tinham cobre.

O que intrigava os portugueses era que eles comumente avistavam africanos utilizando braceletes e ornamentos desse material. Objetos de cobre faziam parte ainda da lista de presentes enviados ao rei de Portugal. Em 1506, D. Afonso, rei do Congo, enviou a D. Manuel I, quinhentas manilhas de cobre, a primeira de uma série de presentes para selar a aliança entre os dois reis. Foi justamente esse episódio que fez com que o próprio soberano português, ao se impressionar com a riqueza possuída pelo rei congolês, enviasse, em 1515, um emissário para saber mais sobre o comércio local tanto do cobre como de outros minerais. Dois anos depois, 2.300 manilhas de cobre foram exportadas da embocadura do Congo.[17]

É possível que essas manilhas tenham sido exportadas da região de Loango, ao norte da embocadura do Congo. No século XVII, por exemplo, os holandeses levaram grande quantidade de cobre para o Brasil e Amsterdã. A produção de cobre em Loango era grande para os padrões da época, ainda mais se pensarmos que, de acordo com Eugenia Herbert, o metal que ia para a costa saía da região além das montanhas Mayombe, mais especificamente, da região da bacia de Niari conhecida como Nsundi. Todo o cobre era carregado na cabeça. As montanhas não eram muito altas, mas eram acidentadas.[18]

Geralmente eram os villi, de Loango, que organizavam as caravanas no interior para alimentar o comércio inter-africano de cobre. O rei, ou *maloango*, tinha um papel ativo ao promover e regular o comércio, estocando os principais bens como o próprio cobre, marfim e tecido de ráfia. Todos esses itens possuíam um intenso mercado na região e

---

17   Para mais detalhes ver. HERBERT, Eugenia. *Red Gold of Africa, op. cit.*, p. 140.

18   *Idem*, p. 142.

38　JULIANA RIBEIRO DA SILVA

não dependiam das demandas europeias como passou a ocorrer a partir do final do século XVI e especialmente o século XVII.[19] Birmingham afirma que uma região que continha grandes quantidades de cobre era Bembe, onde malaquite de cobre foi descoberta no fundo de um profundo vale de cerca de um quilômetro e meio de comprimento. Entretanto, o processo de extração era bastante perigoso, especialmente porque os poços eram cavados muito próximos uns dos outros e constantemente desabavam.[20] De qualquer forma, há indícios de que apenas essa área fornecia todo o cobre usado na região, o que indica a existência de um comércio de longa distância.

Foi, aliás, a grande produção de Bembe que fez com que os portugueses passassem a não se contentar com a aquisição dos minerais apenas pela via das trocas comerciais. Portugal sempre dependeu de fornecedores estrangeiros para o abastecimento de cobre. De acordo com Eugenia Herbert, o país importava grandes quantidades do exterior, principalmente de Flandres. Estima-se que do fim do século XV até meados do século XVI uma média de 600 toneladas de cobre bruto e forjado foi importado por Lisboa anualmente.[21]

Parte desse cobre ficava no país para a cunhagem da moeda e também para outros usos domésticos. A outra parte do cobre e dos objetos do mesmo metal iam para a África ocidental para serem trocados por outras mercadorias. Este comércio era, inicialmente, muito vantajoso, pois, enquanto os portugueses adquiriam cada manilha por 10 réis em Flandres esse mesmo objeto era vendido por 120 réis (pagos em ouro) em São Jorge da Mina. Entretanto, uma crise europeia ocorrida tanto por fatores políticos quanto econômicos levou a dobrar

---

19　Para mais detalhes ver: HERBERT, Eugenia. *Red Gold of Africa, op. cit.* e também VANSINA, Jan. *Paths in the Rainforest.* Wisconsin: The University of Wisconsin Press, 1990.

20　BIRMINGHAM, David. *Portugal e África, op. cit.*, p. 65.

21　HERBERT, Eugenia. *Red Gold of Africa, op.cit.*, p. 127.

os preços do cobre na Europa entre 1546 e 1566, havendo um outro aumento algumas décadas depois, justamente num momento em que Portugal enfrentava um grande desafio para manter sua hegemonia na África ocidental. Depois dessa grande crise, em 1604, apenas dois navios portugueses alcançaram El Mina com 15.000 manilhas para serem vendidas e, após essa data, somente esporadicamente os portugueses chegavam na região com mais alguns milhares. Segundo Herbert, isso mostra, portanto, que manilhas faziam parte das demandas locais, mas que os portugueses estavam cada vez menos capazes de suprir essas necessidades e ainda de definir os preços.[22]

A fragilidade por depender do fornecimento de outros países fez com que Portugal se convencesse de que ele próprio poderia dominar e expandir a produção. Assim, Ruy Mendez e uma equipe de fundidores chegaram às minas de cobre do Congo, em 1536.

O investimento, no entanto, se mostrou um verdadeiro fracasso, mas ficou marcado pelo início de um esforço para dominar as minas de cobre congolesas, que acabou culminando, mais de um século depois, numa amarga guerra na qual os portugueses derrotaram e decapitaram o rei do Congo, D. Antônio I, em 1665. Esse grande conflito, que ficou conhecido como Batalha de Ambuíla, é mais bem compreendido com a chegada, em Luanda, do novo governador, André Vidal de Negreiros, que trazia a fama de vencedor dos holandeses em Pernambuco. Alberto da Costa e Silva afirma que desde sua chegada, Negreiros tomou uma série de medidas para retomar o controle português efetivo na região. Ele exigiu a liberdade de trânsito dos comerciantes pelas terras congolesas, tentou impedir que o *manicongo* consentisse a entrada de navios holandeses na foz do Congo e buscou o controle das minas, fossem elas de ouro, de prata ou de cobre. Segundo o autor:

---

22 *Idem*, p. 132.

40 JULIANA RIBEIRO DA SILVA

> Havendo Vidal de Negreiros obtido em Lisboa o
> consentimento para que se ocupassem as minas,
> não tardou ele em decretar a mobilização mili-
> tar para cumprir esse objetivo. O cabido de São
> Salvador protestou, ao argumentar que Portugal
> havia a elas renunciado, desde a época do mani-
> congo Afonso II, e que o rei D. João IV desvincu-
> lara, ao modificar o tratado de 1649, a cessão das
> minas da devolução da ilha de Luanda e das terras
> dos dembos.[23]

Segundo John Thornton, a insistência de Negreiros estava baseada na situação econômica desesperadora de Angola como resultado da
ocupação holandesa e da guerra ocasionada pela restauração. A dificuldade em obter escravos fez com que Negreiros tivesse a esperança de
conseguir diversificar as exportações através da exploração dos minerais
da colônia. Para isso, o governador começou a interferir nos assuntos dos
Dembo ao sul do Congo, visando descobrir as riquezas minerais.[24]

23　SILVA, Alberto da Costa e. *A Manilha e o Libambo, op. cit.*, p. 486-7. O tratado de 1649, o qual Costa e Silva se refere, está relacionado com a expulsão
dos holandeses pelos portugueses, causando alterações entre as relações de
poder entre lusitanos e africanos. A visível fragilidade de D. Garcia II, enfra-
quecido por não poder mais contar com os holandeses e já desgastado com
tantos anos de guerras contra Portugal, fez com que os portugueses, que já
haviam retomado Luanda, enviassem uma série de exigências ao *manicongo*,
obrigando-o a fechar seus territórios e seus portos à rainha Jinga, aos flamen-
gos e aos espanhóis; a prestar ajuda militar aos portugueses e, ceder à coroa
de Portugal, os montes onde ficavam as minas de ouro e prata. D. João IV,
ao apreciar as capitulações do tratado, determinou que muitas das cláusulas,
"as mais vexatórias à soberania do Congo, fossem delas retiradas. Para os de
Luanda, no entanto, tudo se resolvia como se o texto original continuasse em
vigor", p. 480.

24　THORNTON, John K. *The Kingdom of Kongo*. Wisconsin: The University of
Wisconsin Press, 1983, p. 74-5.

Dois fatos foram, entretanto, determinantes para a eclosão da Batalha de Ambuíla. Dona Isabel Afonso, regente do reino Dembo de Ambuíla firmou uma aliança com os portugueses contra D. Antônio e, o *mani* de Oando, em cujas terras se imaginava que ficassem as minas de ouro, rompeu a submissão ao rei do Congo, pedindo o auxílio de Luanda.[25]

Em 29 de outubro de 1665, os dois exércitos se encontraram no vale do rio Ulanga. A derrota do Congo na Batalha de Ambuíla marcou, segundo Alberto da Costa e Silva, o fim do poderio de Banza Congo. Mesmo com a vitória, os portugueses não foram capazes de ocupar as minas de Bembe, que só foram reativadas em meados do século XIX.

Assim, durante muito tempo, os portugueses tiveram que conviver com os boatos sobre a existência das minas, e mesmo quando estas eram encontradas, Portugal não conseguia explorar as mesmas de maneira sistemática, principalmente por falta de recursos e pessoas habilitadas para tal.

Foi, entretanto, na segunda metade do século XVIII, através das ações do Marquês de Pombal e de Francisco Inocêncio de Sousa Coutinho, que governou Angola entre 1764 e 1772, que a exploração das riquezas minerais existentes em territórios africanos começou a ser mais sistemática.

Ao chegar a Luanda no ano de 1764, Coutinho percebeu que a ênfase no comércio de escravos provocava atrasos ao desenvolvimento de Angola e de Portugal. Assim, o governador projetou a ocupação efetiva do território, a criação de uma agricultura autossuficiente e o desenvolvimento da indústria local.[26] Ou seja, as po-

---

25 SILVA, Alberto da Costa e. *A Manilha e o Libambo*, op. cit., p. 489.

26 Para mais detalhes ver: MACHADO, Monica Torvo Soares. *Angola no período pombalino: O governo de Dom Francisco Inocêncio de Sousa Coutinho*

42 JULIANA RIBEIRO DA SILVA

pulações já fixadas deveriam aumentar a produção em três áreas: a agrícola, a industrial e a mineral.

No que diz respeito aos minerais, o governador procurou desenvolver a exploração de cobre, ferro, enxofre e salitre. Em 1767, na região do Dombe Grande (próximo a Benguela), foram realizadas pesquisas sobre as minas de enxofre, sendo que um ano mais tarde foi nomeado um cabo-regente, passando a haver pela primeira vez nessa região uma autoridade portuguesa. Dombe Grande passou então a ser considerada uma povoação controlada pelo governo de Benguela. A atuação da autoridade, entretanto, não era significativa. Era comum a designação para regentes, ricos comerciantes que vivessem nessas áreas e pudessem fazer cumprir as orientações enviadas pelo governo central quer em Benguela ou Luanda, ou mesmo do reino. No entanto, esses homens estavam muito mais preocupados com os seus próprios negócios do que com as ordens que chegavam. Dessa forma, apesar do interesse por esse minério, após o regresso de Sousa Coutinho a sua exploração parou, ficando esquecida por muitos anos.[27]

O cobre da região de Ngunza Cabolo (Novo Redondo) também foi pesquisado, mas parece que os meios necessários para a sua exploração efetiva não chegaram de Portugal. Há indícios de que o resultado dessas pesquisas não foi satisfatório, embora esse cobre tenha sido explorado pelos africanos para a fabricação de manilhas. O local de fundição dessas manilhas ficou desconhecido até fins do século XVIII.

– 1764-1772. Dissertação de mestrado apresentada à Faculdade de Filosofia, Letras e Ciências Humanas da Universidade de São Paulo. São Paulo, 1998.

27 Foi no decorrer do ano de 1807 que as minas de enxofre voltaram a ser analisadas. O reinício da sua exploração aumentou ainda mais o interesse na região, iniciando-se assim um período de grande tensão. Para mais detalhe ver: APARÍCIO, Maria Alexandra. Política de boa vizinhança: os chefes locais e os europeus em meados do século XIX. O caso do Dombe Grande. II RIHA. 1996, p. 110.

HOMENS DE FERRO 43

Um grande problema, que contribuiu para o insucesso da exploração das minas de cobre de Novo Redondo foi justamente a hostilidade dos africanos frente a essa tentativa. Numa carta enviada para José Rodrigues, capitão-mor de Novo Redondo, ficou evidente o receio dos portugueses diante de um possível ataque dos nativos. As orientações contidas na carta sobre como a dominação de Novo Redondo deveria ser feita deixam claro que os portugueses estavam cientes de que não seria uma tarefa fácil.

Num primeiro momento recomenda-se nessa carta que:

> As tropas se devem demorar nesse Prezidio até que me esteja perfeitamente seguro, e estabelecido, para dizer-lhe que agora he que se deve fazer a descuberta do cobre exactamente, visto que estão em força capas de resistir aos negros que o quiserem impedir, e para recomendar-lhe a cautela com que hande viver emquanto não tiverem tudo seguro, e com a Fortaleza fechada, para se não tiverem toda a necessária vegilancia hande ser sorprendidos, e mortos quando menos o esperarem, e nesta parte tenha VM hum cuidado superior a toda mayor impertinência, porque a falta de vegilancia nas ocaziões de guerras he a mayor culpa dos oficiaes, e produz delictos que não tem emenda.[28]

Já num segundo momento, recomenda-se:

> Atrahir demodo os negros a segurança do estabelecimento pelos meyos pacíficos do Comercio, da Industria, e da Justiça, fazendo-os voltar para as suas cazas, e administrar como de antes os seus bens, e Embarcaçõens, tecendo desde logo hum

---

28 IEB. Coleção Lamego. (83. 267). Ofício de D. Francisco Inocêncio de Sousa Coutinho, governador de Angola, a José Rodrigues, capitão-mor de Novo Redondo. São Paulo de Assunção, 8 de julho de 1769.

44 JULIANA RIBEIRO DA SILVA

> grande comercio não só com eles mas com toda a costa.[29]

Fica claro nesse trecho o interesse dos portugueses em atrair a atenção dos negros pela via pacífica, e principalmente por meio do comércio. Entretanto, na parte final do documento está exposta a última orientação, caso as anteriores não surtissem efeitos positivos:

> Com tudo se acazo lhes atacarem em todo ou emparte as tropas, he precizo castigalos prontamente de forma que fiquem cheyos de terror, e de susto, e evitem a continuação destes insultos sogeitandose a obediência; porém este castigo há de suspender-se no mesmo instante em que eles parecerem arrependidos e quietos, atrahindoos depois para que logo voltem às suas cazas, Embarcaçõens e Terras.[30]

Ficou claro nessa carta que a via da força seria a última alternativa para a conquista de Novo Redondo. Primeiro porque quase sempre os portugueses estavam despreparados para um possível combate de maior proporção e segundo porque eles próprios sabiam que apenas através de relações minimamente amigáveis é que garantiriam algum tipo de informação dessas minas.

As orientações vindas de Portugal não eram, necessariamente, cumpridas. É importante ressaltar que a atuação dos portugueses em África foi marcada pela intensa violência, desde os contatos iniciais. Alberto da Costa e Silva relata diversos episódios em que chefes negros eram decapitados e famílias inteiras eram queimadas dentro de suas

---

29 *Idem.*
30 *Idem.*

HOMENS DE FERRO   45

casas. As aldeias eram comumente reduzidas às cinzas, e os sobreviventes, à escravidão.[31]

Outro exemplo sobre uma tentativa de exploração de minerais aliada à falta de informação precisa por parte dos portugueses é a da Serra de Bende, cuja investigação também fez parte dos ideais de Sousa Coutinho no período pombalino. Na carta, que na verdade trata-se de um comunicado do envio de um caixote contendo uma porção de pedras verdes para ser analisada, fica claro, por um lado, o total despreparo dos portugueses no que diz respeito à exploração dos minerais, e, por outro, mais uma vez, a hostilidade dos africanos.

Num primeiro trecho da carta, o autor tenta fornecer a localização exata de onde foram retiradas essas pedras: "8 légoas distante do Prezidio de Encoje, situada nas terras de hum vassalo Rebelde do Rey do Congo".[32] A seguir, o autor afirma que os negros chamam essa pedra de unguento, por ter a capacidade de curar chagas e feridas. Por outro lado, ele mesmo afirma que "alguns missionários a tem reduzido a tinta com que pintão as suas igrejas".[33] Mesmo assim, o autor da carta afirma que essa pedra verde pode conter cobre, por isso sugeria que fossem feitas em Portugal as necessárias experiências.

De fato, conforme afirma Isabel Castro Henriques

> A circulação destas pedras está associada às regiões ricas em cobre, mas não parece que os africanos estabeleçam uma associação directa e lógica entre estes dois produtos. Em todo o caso,

---

31 SILVA, Alberto da Costa e. *A Manilha e o Libambo, op. cit.*, p. 410. Ver, por exemplo, a atuação de Paulo Dias de Novais no século XVI.

32 IEB. Coleção Lamego (códice 82.197). Ofício de D. Francisco Inocêncio de Sousa Coutinho, governador de Angola, a Francisco Xavier de Mendonça Furtado, secretário da Marinha e Ultramar. São Paulo de Assunção, 4 de dezembro de 1769.

33 *Idem.*

46 JULIANA RIBEIRO DA SILVA

> a malaquite, a que os africanos parecem chamar
> as *pedras verdes*, aparece como uma complemen-
> taridade regional, muito estimada pelos africanos
> até meados do século XIX.[34]

É importante observar ainda na carta que essas pedras foram retiradas em segredo: "e assim fiz tirar esta pedra com tal segredo dos habitantes que ficarão na mesma ignorância do seu proveito, para que com tempo e lugar, sabendo Sua Magestade o que ali há, ordene o que for mais conforme ao seu Real Serviço".[35]

O motivo de tal segredo é que essa mesma Serra conteria uma grande quantidade de ouro,

> De que os negros se servem, trocando-o algumas
> vezes por fazenda; me nam pareceo por hora con-
> veniente tratar couza alguma com eles, ainda que
> este comercio seria o mais vantajozo, e bem deve-
> ria em tudo dos trabalhos das minas, sendo aquele
> paiz enfermo, e incapazes os negros habitadores
> de nenhum outro proveito; porque comercian-
> do hoje toda aquela região do Congo nos Portos
> do Norte, Cabinda, e Loango, porto que em dis-
> tancia grande da Referida Serra de Bende, temo
> justamente que nam as havendo para negros, eles
> vão levar aos Estrangeiros mais um motivo de
> arreigar-se naquele perniciozissimo comércio.[36]

---

34 HENRIQUES, Isabel Castro. *Percursos da Modernidade em Angola: Dinâmicas Comerciais e Transformações Sociais no Século XIX*. Lisboa: Instituto de Investigação Tropical; Instituto da Cooperação Portuguesa, 1997, p. 345.

35 IEB. Coleção Lamego (códice 82.197). Ofício de D. Francisco Inocêncio de Sousa Coutinho, governador de Angola, a Francisco Xavier de Mendonça Furtado, secretário da Marinha e Ultramar. São Paulo de Assunção, 4 de dezembro de 1769.

36 *Idem.*

HOMENS DE FERRO   47

A região de Novo Redondo não possuía produção alguma de ouro, mas novamente, os portugueses queriam acreditar que encontrar um eldorado era só uma questão de tempo.

A exploração do ferro

Com as inúmeras decepções dos portugueses causadas cada vez mais pela certeza da ausência de ouro e prata na região centro-africana, a exploração do ferro passou a ser uma das prioridades dos portugueses. No entanto, assim como acontecia com os demais minerais, encontrar o local dessas minas era tarefa bastante difícil. As minas de ferro eram, algumas vezes, controladas de maneira rígida pelos reis e chefes e, na maior parte das vezes, a sua localização exata era mantida em absoluto sigilo. Existem relatos que apontam que alguns reis puniam com a pena de morte aqueles que fornecessem algum tipo de informação sobre as minas a estrangeiros.[37] Mais adiante veremos que a ideia de controlar essas minas estava relacionada a aspectos que iam além do meramente econômico.

É possível afirmar que a necessidade que Portugal tinha do ferro africano era uma realidade, já que a sua produção era insuficiente. Assim como acontecia com o cobre, Portugal dependia do fornecimento do ferro de outros países como a Espanha e regiões do norte da Europa, como a Suécia. Nos finais do século XVIII, a Rússia passou a enviar ferro para Portugal, em troca de açúcar, vinho e fruta.[38]

---

37   DIAS. Jill R. Changing Patterns of Power in The Luanda Hinterland. *Paideuma*, 32, 1985. Na região de Pungo Andongo, um sobado chegou a produzir mais de duas mil enxadas por ano para serem comercializadas por outros produtos. Tal importância explica a necessidade de manter a localização dessas minas em segredo.

38   MARQUES, A.H. de Oliveira. *História de Portugal. Do Renascimento às Revoluções Liberais*, vol. II. Lisboa, Editorial Presença, 1998, p. 298.

48   JULIANA RIBEIRO DA SILVA

Mas se Portugal chegou a comercializar cobre com as regiões da
África ocidental que não produziam o metal, com o ferro foi diferente.
Numa carta régia de 13 de setembro de 1497, D. Manuel I vedou que
"ao resgate da Guiné se levassem peças de ferro, e não só da Europa,
mas também, ao longo das costas africanas, de uns rios e terra onde o
há a outras onde o não há".[39]

De acordo com Alberto da Costa e Silva, "estendiam-se assim,
aos negros, as interdições que se aplicavam aos mouros, com o objetivo
de dificultar entre eles o fabrico de armas".[40] O autor deixa claro que
muitas vezes os próprios súditos da Coroa portuguesa não respeitavam
a proibição de comercializar ferro.

> Alguns barcos, sobretudo cabo-verdianos abaste-
> ciam clandestinamente os lançados. Disto ficaram
> sinais: em 1500 e 1508, por exemplo, duas cartas
> régias determinaram o confisco de todos os bens de
> um certo Gonçalo de Paiva, porque reiteradamente
> fazia comércio ilícito com sua caravela na Guiné,
> levando a bordo "certos cristãos que se introduziam
> nas montanhas do país mandinga", com grande
> quantidade de ferro para vender aos negros".[41]

Apesar da visível existência de um comércio ilícito, Portugal de-
sejava de fato, controlar as minas de ferro da África para não precisar
depender sempre de outros países europeus. Mesmo assim, no que diz
respeito à África central, os portugueses não chegaram a explorar de
fato as minas de ferro da região de Angola antes da segunda metade do
século XVIII. Esses depósitos de ferro eram numerosos e os mais ricos

---

39   SILVA, Alberto da Costa e Silva. *A Manilha e o Libambo*, *op. cit.*, p. 452.

40   *Idem.*

41   *Idem.*

HOMENS DE FERRO **49**

estavam localizados ao longo da orla do planalto, a mais ou menos cento e sessenta quilômetros para o interior de Luanda.

Foi com o governo de Sousa Coutinho que a exploração do ferro obteve algum avanço. Antes dele, Antonio de Vasconcelos já havia tentado explorar esse metal, mas sua estratégia foi aquela que fazia a utilização do processo de trabalho dos nativos, incluindo seus próprios instrumentos de trabalho, como os foles de pele de cabra e bigorna. Talvez pelo insucesso do trabalho de seu antecessor, Sousa Coutinho começou, em 1765, a buscar um local apropriado para o trabalho do ferro. O local escolhido foi num vale junto da confluência do rio Luinha com o rio Lukala, região denominada de Nova Oeiras, que pertencia à Capitania de Massangano.

A fábrica de ferro de Nova Oeiras atingiu grandes proporções e chegou a possuir quatrocentos trabalhadores, a grande maioria de africanos. A remuneração de cada funcionário variava de acordo com o tipo de trabalho realizado. O trabalho da forja era o mais bem remunerado. Aqueles que realizavam outros trabalhos próximos ao fogo, considerados mais perigosos, também recebiam um pagamento diferenciado.[42]

Segundo Machado, o número de pessoas dedicadas ao ofício de ferreiro não era suficiente, causando preocupações ao governador interessado no rápido desenvolvimento das fábricas de ferro. Talvez, indica a autora, o problema não fosse de fato, a falta de fundidores e ferreiros, mas o modo como eles trabalhavam. Em vários documentos aparecem reclamações quanto ao método de trabalho dos nativos:

> As pequenas forjas e foles de pele de cabra trabalhavam continuamente, mas não conseguiam produzir grandes quantidades, fundindo ao modo de Biscaia ("método de não liquidar o ferro e de fundi-lo somente, que é um ponto médio entre

---

42 MACHADO, Monica. *Angola no Período Pombalino: O governo de Dom Francisco Inocêncio de Sousa Coutinho*, *op. cit.*, p. 80.

liquidar e não liquidar"). Dessa forma, Sousa Coutinho queria que os mestres ensinassem a esses homens o método francês ("que avança em maior quantidade") além de estimular o método de Biscaia multiplicando a extração do ferro.[43]

Alguns especialistas de Portugal e de outras partes da Europa chegaram a trabalhar na fábrica. Em abril de 1768, por exemplo, foi comunicada a contratação de quatro mestres biscainhos que eram originalmente das famosas minas de ferro da Biscaia, na Espanha. Dentre as tarefas desses especialistas estava a de ensinar aprendizes e oficiais a trabalhar na fábrica de ferro. No entanto, a tarefa não durou muito tempo, pois todos os quatro profissionais acabaram morrendo por escorbuto.

Talvez outro motivo para a escassez de ferreiros e fundidores é que, como eram os próprios sobas que forneciam os trabalhadores em troca de isenções de pagamento de dízimos aos portugueses, dificilmente esses chefes iriam oferecer aos estrangeiros os seus melhores especialistas. Essa relação entre os sobas que forneciam a mão-de-obra para a fábrica e os portugueses, aliás, sempre foi marcada por tensões durante todo o período de existência da fábrica. Alguns sobas chegaram mesmo a se recusar a mandar trabalhadores, como foi o caso dos sobas das regiões de Ambaca e Golungo Alto.

De qualquer forma, da Real Fábrica de Ferro de Nova Oeiras chegaram a ser enviadas várias remessas de barras de ferro para Lisboa e para o Brasil. O rendimento mensal era de quarenta a cinquenta quintais de ferro. Mas o aparente sucesso da fábrica não chegou a durar muito. Após deixar o governo de Angola, em 1772, Sousa Coutinho passou o cargo para D. Antônio de Lencastre, que não se empenhou na continuidade da fábrica, que logo teve seu fim decretado.

---

43 *Idem*, p. 81.

HOMENS DE FERRO 51

Além da falta de empenho do sucessor de Sousa Coutinho, muitos outros problemas contribuíram para o fim da Fábrica de Ferro de Nova Oeiras. Primeiramente, muitos mestres que chegavam para trabalhar na fábrica mentiam sobre suas ocupações, grande parte era de degredados condenados à prisão perpétua. Segundo, houve durante toda a existência da fábrica, uma grave falta de materiais tanto para a construção quanto para a realização das primeiras fundições. E terceiro, o clima dificultava o estabelecimento de povoações de estrangeiros e a fixação de mestres europeus.

A busca portuguesa pelos minerais tanto na África, quanto na Ásia e no Brasil, se apoiou também na inexpressiva exploração dos recursos minerais em Portugal. Apesar do esforço desenvolvido principalmente no final do século XVIII, os recursos minerais eram mal conhecidos e mesmo aqueles de que havia notícia continuavam inexplorados ou explorados de maneira superficial. Numa época em que o comércio de minerais brutos era difícil, a contribuição das importações para suprir o mercado interno foi forçosamente importante.

No começo do século XIX, o número de jazidas minerais portuguesas em exploração era muito escasso. Na antiga Mina de Adiça, entre a Trafaria e o Cabo Espichel, recomeçou em 1814 uma pequena extração de ouro e, um pouco antes de 1820, abriram-se minas de chumbo na região de Mogadouro, mas a fundição do metal extraído demorou a ser empreendida.

Com o ferro não foi diferente. Algumas das jazidas há muito conhecidas, como as de Torre de Moncorvo e da Zona de Tomar e Figueiró dos Vinhos, enfrentavam muitos problemas. Em Moncorvo, a extração do ferro foi interrompida no início do século XIX. As minas e a fundição instalada em Mós de Carviçais, também encerraram as suas atividades, apesar dos esforços e dos investimentos realizados em finais do século XVIII. Nas Reais Ferrarias do Prado, da Machuca e da Foz de Alge, a que estavam ligadas às minas da Ribeira Velha, da Serra de

Cima, das Fontainhas e de Sobral – fornecendo esta o ferro de melhor qualidade – o trabalho estava suspenso desde meados de setecentos. O mineral, considerado bastante sulfuroso, o combustível impróprio e outras deficiências técnicas tinham bloqueado o seu desenvolvimento. Entretanto, no início do XIX, a ferraria da Foz de Alge voltou a funcionar. O trabalho, porém, era incerto, pois empregava um número variável de trabalhadores (em média entre oitenta e noventa), apesar do emprego de pessoas em serviços complementares tais como a mineração, corte das lenhas e construção. Associada, desde a sua criação, às necessidades militares, a ferraria fabricava principalmente projéteis e peças de artilharia, mas também alguns utensílios domésticos e ferramentas para a lavoura. O esforço para colocar novamente a fábrica em funcionamento não foi capaz de resolver os problemas técnicos.

No que diz respeito ao carvão, fundamental para o funcionamento das fábricas de ferro, só em 1804 foi descoberta, em São Pedro da Cova, uma jazida de maiores proporções, onde logo se começou a extração. Esta mina gerava o grosso dos rendimentos da Intendência Geral de Minas, até a sua exploração ter sido concedida a uma sociedade de quatro negociantes. Além de ser vendido para o consumo doméstico, o carvão de São Pedro da Cova servia ainda de combustível a uma das maiores metalúrgicas do país. Esta estava situada sobre o rio Vima, em Lever, e pertencia à Companhia das Vinhas do Alto Douro e destinava-se à fabricação de ferro em barra, projéteis e outros utensílios.

O ferro macio fornecido pelas fábricas de ferro da Foz de Alge e de Lever não satisfazia minimamente as necessidades das oficinas metalúrgicas. Muitos dos artefatos de metal eram importados, mas havia também uma produção nacional que usava ferro em barra da Suécia, descarregado em grande quantidade nos portos com maior movimento.[44]

---

44 PEDREIRA, Jorge Miguel Viana. *Estrutura Industrial e Mercado Colonial. Portugal e Brasil (1780-1830)*. Portugal: Difel, 1994, p. 113.

No Brasil, o ferro também foi mal explorado. A carência de especialistas impediu uma exploração mais sistemática e foram os próprios africanos escravizados, conhecedores dessa prática, que acabaram suprindo a necessidade do ferro em terras brasileiras. O engenheiro alemão W.L. Eschwege, que foi a Minas Gerais em 1811, a convite da Coroa portuguesa para tentar solucionar a ineficiência da produção de ferro, chegou mesmo a chamar a atenção para a exploração das minas de ferro feita por africanos.

Eschwege afirma em seu relato que:

> Na província de Minas, a fabricação do ferro tornou-se conhecida no começo deste século, através de escravos africanos.
>
> O ferro foi fabricado pela primeira vez em Antônio Pereira, por um escravo do capitão-mor Antônio Alves, e também em Inficionado, por um escravo do capitão Durães (o mesmo senhor que achara cobre nativo arenoso). Ambos disputavam a honra da prioridade.[45]

Segundo ainda o alemão, desde esse período, muitos ferreiros passaram a produzir ferro apenas em quantidade suficiente para as suas necessidades, não somente porque antes da chegada da família Real era proibido fabricar ferro industrialmente, mas também porque se desconhecia o processo de produzi-lo em grande escala. O engenheiro relatou também que:

> Por ocasião da minha chegada a Minas, em 1811, era comum esse processo bárbaro da produção de ferro. A maioria dos ferreiros e grandes fazendeiros que possuíam ferraria tinha também o seu forninho de fundição, sempre diferente um do outro,

---

45 ESCHWEGE, W.L. Von. *Pluto Brasiliensis*. Belo Horizonte: Itatiaia; São Paulo: Edusp, 1979, vols. 1 e 2, p. 203.

54 JULIANA RIBEIRO DA SILVA

> pois cada proprietário, na construção, seguia suas próprias ideias. Alguns fundiam simplesmente nas invariáveis forjas de ferreiro, fazendo a carga de minério com as usuais colheres; outros levantavam um pouco a forja dos lados. Encontrei, ainda, fornos cônicos e cilíndricos, de três a quatro palmos de altura, e, também, os de seção quadrada, nos quais, na parte dianteira, havia um orifício, que, após a extração das lupas, era logo fechado.[46]

A partir da superficial descrição que Eschwege faz dos fornos é possível afirmar que eles eram semelhantes àqueles utilizados nos processos de fundição do ferro em África, principalmente porque eram os próprios africanos que modelavam esses fornos.

Constatar que os africanos utilizaram os conhecimentos da metalurgia do ferro fora de seu próprio continente de origem nos permite compreender, por um lado, a importância dada pelos africanos à produção do ferro, que fez com que diferentes povos atingissem um alto grau de sofisticação na sua produção, e por outro lado, a frustração por parte dos portugueses que, mesmo contabilizando séculos de contato com a África, não conseguiram usufruir, de maneira efetiva, desse conhecimento e dessa qualidade técnica em benefício próprio.

A seguir serão apontados e discutidos os fatores que impediram Portugal de sistematizar a exploração do ferro na África central, localidade de nosso interesse. Conforme já apontado, esses fatores não estão ligados apenas à frágil estrutura portuguesa na região. Uma compreensão mais precisa da importância e do valor, não apenas econômico, mas também simbólico dado ao ferro pelos próprios africanos, é capaz de nos oferecer subsídios para entender o papel desse minério nessas sociedades, além das estratégias utilizadas pelos nativos para impedir o acesso dos portugueses às minas.

---

46 *Idem*, p. 203.

Os africanos e o ferro

É inquestionável a importância econômica e comercial que o ferro possui nas sociedades centro-africanas. Entretanto, não é possível compreender o papel dos ferreiros e do ferro nas sociedades africanas apenas levando em consideração esses fatores.

Certamente, a importância mítica do ferreiro só pode ser compreendida a partir do reconhecimento de sua importância econômica e das modificações que a introdução da metalurgia trouxe para as sociedades. Jan Vansina afirma que logo que novos depósitos de ferro e cobre eram descobertos, esses lugares começavam a atrair pessoas muitas vezes de longe para obter tanto o minério de ferro quanto o metal bruto que era fundido no mesmo local. Esses lugares reformularam a percepção que as pessoas tinham sobre regiões inteiras, possibilitando novos focos e novas rotas de viagem. Isso alterou os padrões de mobilidade espacial até então correntes na região. A nova atividade criou novos contatos entre diferentes comunidades por causa da interação necessária entre fundidores e forjadores. Mas o uso de objetos de metal, ressalta Vansina, significou a perda da auto-suficiência. Para obtê-los, era preciso oferecer algo em troca, uma necessidade que estimulou tanto a troca quanto um senso mais desenvolvido de propriedade pessoal ou familiar.[47]

A introdução da metalurgia favoreceu ainda a ampliação do comércio, na medida em que as ferramentas feitas de metal possibilitaram um aumento da produção agrícola. O poder bélico das sociedades também sofreu alterações, houve um considerável aumento da capacidade de defesa e também de expansão do poder de reinos.

No que diz respeito às relações de gênero, a metalurgia alterou significantemente a independência da mulher em relação ao homem.

---

47 VANSINA, Jan. *How Societies are Born Governance in West Central Africa before 1600*. Charlotte Ville e Londres: University of Virginia Press, 2004. p. 65. "Tradução minha"

56 JULIANA RIBEIRO DA SILVA

As enxadas de metal eram feitas e adquiridas pelos homens, ainda que as mulheres as usassem. Se até então as próprias mulheres produziam suas ferramentas de trabalho, com o surgimento da metalurgia do ferro, elas tinham que receber as enxadas dos homens, o que proporcionou uma dependência econômica da mulher em relação ao homem nunca vista em momentos anteriores.[48]

As importantes transformações oriundas da introdução da metalurgia do ferro nas sociedades africanas são um ponto inicial para analisar a importância tanto do ofício de quem o explora quanto do próprio mineral. Assim, a ideia de tornar-se ferreiro abrangia muito mais que um conhecimento meramente técnico. E a extração do próprio ferro não se dava sem o cumprimento de uma série de regras, que envolviam esferas não-humanas.

Para compreender a relação dos africanos com os minerais e principalmente com o ferro é preciso recorrer a uma ideia, bastante difundida em praticamente toda a África central, a da figura do rei-ferreiro. Em muitos relatos míticos presentes na região centro-africana é recorrente a associação do rei com o ofício da metalurgia.

Durante muito tempo, os estudiosos reproduziram a ideia de que grande parte dos chefes dessas áreas de fato dominava o ofício da metalurgia. No entanto, com o aprofundamento das pesquisas, ficou claro que muitas vezes a associação do rei com o ferro é muito mais simbólica que literal, ou seja, nem sempre o chefe tinha de fato o conhecimento da metalurgia. E são justamente as questões simbólicas que devem ser analisadas para uma melhor compreensão da relação dos africanos com esse mineral.

Existem evidências de que muitos chefes ou seus herdeiros aprenderam realmente o ofício de ferreiro. Eugenia Herbert em *Iron, Gender and Power* apresenta uma série de exemplos. Segundo a autora, Livingstone relata, no século XIX, por exemplo, que um chefe

---

48 *Idem*, p. 79

HOMENS DE FERRO 57

Manyuema na região leste do Congo pagou ferreiros para ensinar o ofício a seus filhos.[49] Colleen E. Kriger afirma também que, antes do século XX, todos os homens kuba da linhagem ligada à realeza eram supostamente treinados na metalurgia em algum grau, e que pelo menos um rei, Mbop Pelyeeng, teria sido realmente um ferreiro, tanto que o emblema que ele escolheu como símbolo de seu reinado foi uma bigorna, como aparece indicado em sua estatueta comemorativa que era mantida no *compound* real.[50]

É fato que alguns sobas controlavam minas de ferro e o trabalho de ferreiros, tanto que muitas regiões da África central passaram a ser povoadas por causa da existência dessas minas. Afinal, controlar uma mina significava agregar pessoas, não só os súditos em si, mas também povos que não sabiam trabalhar o ferro. E é preciso lembrar que a ideia de poder na África central não está associada à extensão do território dominado e sim à quantidade de pessoas submetidas à figura do chefe. Assim, fica clara a associação entre o ferro e a legitimação do poder. Além disso, o ferro, ao contrário da madeira, por exemplo, pode ter sua produção controlada de forma mais sistemática.

Não é possível afirmar, no entanto, que todo chefe controlava uma mina. Essa ideia teria surgido, segundo Elizabeth Isichei,[51] na antiga Idade do Ferro, período onde os locais de fundição do ferro ficavam no centro da comunidade e não num lugar à parte. Jan Vansina, argumenta que os ferreiros fundidores, ou seja, aqueles que extraem o minério da terra, não precisam se movimentar de uma aldeia para outra, mas sim de um bom depósito do minério para outro. Dessa forma, a expansão das operações dos ferreiros fundidores implicaria no movimento e mudança de toda a comunidade, mesmo que esse processo

---

49 HERBERT, Eugenia. *Iron, Gender and Power, op. cit.*, p. 133.

50 KRIGER. Colleen E. *Pride of Men, op. cit.*, p. 168.

51 ISICHEI, Elizabeth. A *History of African Societies to 1870*. Nova York: Cambridge University Press, 1997, p. 89.

58   JULIANA RIBEIRO DA SILVA

ocorresse apenas após longo período, já que esses depósitos de ferro não costumavam se esgotar num curto prazo de tempo.[52] Essa mobilidade exigida pelo ofício também pode ter contribuído para a difusão da ideia do rei-ferreiro.

Existe ainda o exemplo de Lopanzo, uma cidade fundada por ferreiros. Esse povoamento foi fundado devido à proximidade de um depósito de minério de ferro. No entanto, a cidade não chegou a possuir um sistema de governo centralizado, o que indica que nem toda região com depósito de ferro exigia um controle único.

Investigar a existência de uma ligação histórica entre controle das minas e o poder de um soberano é tarefa difícil, pois muitas vezes é preciso pontuar a localidade e principalmente o tempo histórico. Além disso, as fontes disponíveis podem levar a interpretações diversas, como é o caso dos kuba. Enquanto Eugenia Herbert afirma que a realeza kuba possuía a tradição de controlar a produção do ferro e as mercadorias feitas com o metal, tanto que os séculos XVIII e XIX foram marcados por violentas guerras entre os luba e os kuba motivadas pelas possessões dos minérios de ferro de excelente qualidade próximas do rio Mwabe,[53] Colleen Kriger defende que o controle das minas de ferro não era vital para os líderes políticos kuba e que a estratégia utilizada estava muito mais ligada à cobrança de uma porcentagem sobre a produção do que o controle direto sobre o minério.[54]

Muitas vezes o controle das minas pelos sobas se dava apenas temporariamente, como em casos de guerra. No século XVII, uma aldeia kuba foi punida rigorosamente pelo rei Mboong aLeeng, por ter sido acusada de não informar ao soberano sobre sua produção de ferro.

---

52   VANSINA, Jan. *How Societies are Born, op. cit.*, p. 64.

53   HERBERT, Eugenia. *Iron, Gender and Power, op. cit.*, p. 146.

54   KRIGER. Colleen E. *Pride of Men, op. cit.*, p. 164-5.

HOMENS DE FERRO   59

A radical decisão do rei se deu num período de expansão territorial, momento em que a produção de armas crescia consideravelmente.[55] Mas não é coincidência, por exemplo, que em muitas aldeias da África central, as forjas estivessem localizadas no centro, sendo bastante visíveis, principalmente para que o chefe e os conselheiros tivessem amplo controle sobre elas. Conforme já visto, na região de Golungo Alto, por exemplo, o controle do chefe sobre as minas de ferro era tão intenso que Jill Dias chega a relatar que, em meados do século XIX, este ameaçava com pena de morte aqueles que divulgassem a homens brancos a localização das minas de ferro dominadas por ele.[56]

Na planta de uma aldeia quioco do século XIX, reproduzida a seguir, é possível perceber que a forja, identificada com a letra F, está localizada na parte central da aldeia, bem próxima da *Tsota*, que quer dizer, cubata dos homens. Segundo Isabel Castro Henriques, é nesse local que os homens faziam reuniões e também realizavam as refeições.

---

55   Para ver mais detalhes consultar: KRIGER. Colleen E. *Pride of Men, op. cit.*, p. 169.

56   DIAS, Jill R. Relações Econômicas e de Poder no Interior de Luanda ca. 1850-1875. *I Reunião Internacional de História de África*. Lisboa: Instituto de Investigação Científica, 1989, p. 249.

PLANTA DE UMA ALDEIA QUIOCA

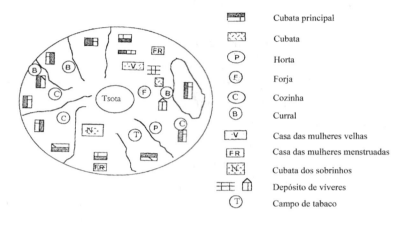

Fonte: HENRIQUES, Isabel Castro. *Percursos da Modernidade em Angola*, op. cit., p. 624.

Certamente, não é coincidência que nas plantas de quilombos no Brasil a forja apareça localizada igualmente na região central, bem próxima da chamada casa principal. Isso confirma que os escravos tentavam, de alguma forma, reproduzir, nos quilombos, uma organização espacial parecida com a das aldeias de sua origem.[57]

É provável também que a difusão da ideia do rei-ferreiro na África central esteja associada à recorrente explicação sobre a fundação dos Estados africanos. Joseph Miller, em sua obra *Poder Político e Parentesco*, aponta que durante muitos anos a historiografia entendeu a criação dos Estados africanos a partir da ideia do "mito hamita", ou seja, a formação desses Estados dependeu "da chegada de forasteiros bem equipados

---

57 Sobre as plantas de quilombos no Brasil, consultar: Gomes, Flávio dos Santos. Seguindo os Mapas das Minas: Plantas e Quilombos Mineiros Setecentista. *Estudos Afro-Asiáticos*, Rio de Janeiro, vol. 29, 1993.

HOMENS DE FERRO 61

que impuseram instituições estatais desenvolvidas a camponeses menos capacitados".[58] Essa teoria recebeu ainda o reforço do conteúdo de muitas tradições orais africanas que reafirmavam a ideia da fundação dos Estados a partir da chegada de um conquistador estrangeiro.

A questão que nos interessa aqui não é discutir os problemas ligados ao "mito hamita" e nem analisar a validade das tradições orais africanas que reforçam esse mito. Entretanto, no "mito hamita" está embutida a ideia de que o conquistador estrangeiro é bem–sucedido porque ele é também aquele que domina alguma tecnologia capaz de trazer mudanças positivas e significativas para as populações a serem dominadas, e geralmente essa tecnologia é a da metalurgia do ferro.

Miller aponta que foi essencial para a perda da validade do "mito hamita", o momento em que os antropólogos começaram a questionar a tendência predominante de interpretar os materiais tradicionais literalmente e passaram a entender as razões ideológicas que fizeram com que reis e chefes perpetuassem essas tradições. Segundo o autor, além do conhecimento tecnológico, existem outros motivos que fazem com que os chefes ainda hoje atribuam origens estrangeiras aos reis fundadores:

> As origens alienígenas do ubíquo herói civilizador, davam a ele e aos seus sucessores uma legitimidade recusada aos simples residentes do país, que pareciam destinados a serem profetas sem honra entre os seus pares. Além do mais, a identificação do rei com um estranho separa-o de qualquer conexão com grupos de interesses locais e torna-o, em teoria, imparcial na administração da justiça ao povo do seu reino.[59]

---

58 MILLER, Joseph C. *Poder Político e Parentesco*. Luanda: Arquivo Histórico Nacional, 1995, p. 5.

59 *Idem*, p. 9.

Dessa forma, na África central, em muitos mitos, os ferreiros aparecem como conquistadores e consequentemente como reis fundadores. Nesses mitos, esses ferreiros aparecem como figuras diferenciadas não apenas por dominarem a técnica da metalurgia do ferro, mas pelo fato desse conhecimento ter se dado a partir do contato com esferas não humanas, privilégio de poucas pessoas. E aqueles que têm acesso a esferas não dominadas pelo homem "comum" possuem, nas sociedades africanas em geral, uma legitimidade quase que nunca questionada. Nesses mitos, pode-se observar uma ampla associação da figura do rei ao ferreiro, ou seja, do poder ao conhecimento técnico. Joseph Miller ressalta que

> A predominância dos fundadores reis-ferreiros, nas tradições orais dos estados por toda a África, torna altamente suspeita a imagem de conquistadores brandindo o ferro, que criam estados em virtude da superioridade do seu armamento e da sua técnica. O cepticismo a esse respeito parece especialmente adequado se tivermos em conta os serviços que tais conquistadores utilizadores do ferro prestaram ao "mito hamítico" e a outras duvidosas teorias da formação do Estado por conquista.[60]

De qualquer forma, os mitos ligados aos reis-ferreiros estavam e estão presentes em muitas sociedades africanas e, é a partir da compreensão do papel do rei nas sociedades centro-africanas e a sua íntima relação com o ferreiro, que podemos entender como a ideia do controle do mundo mineral está intimamente relacionada à sua legitimidade enquanto líder.

---

60 *Idem.*

Os mitos como fontes históricas

É importante esclarecer que a utilização de mitos como fontes históricas sempre foi motivo de polêmica entre os historiadores. Durante muitos anos, estes consideravam apenas as fontes escritas como aquelas dignas de crédito. Dessa forma, as sociedades que não utilizavam a escrita eram consideradas "sem história" e, portanto, eram desprezadas e, mesmo quando eram estudadas, as fontes utilizadas eram sempre aquelas escritas, produzidas pelo "outro" – geralmente o colonizador, o dominador.

O africanista Jan Vansina foi peça central na mudança de paradigma no que diz respeito às fontes. Defensor da validade da tradição oral como fonte para o historiador, Vansina inaugurou uma nova vertente nos estudos africanos, onde historiadores passaram a coletar dados em trabalhos de campo, antes um recurso utilizado quase que exclusivamente pelos antropólogos. A sua obra *La Tradición Oral*[61] é, ainda hoje, décadas após a sua publicação, leitura obrigatória para os estudiosos de África. Afinal, ficou claro que, se nas regiões habitadas por povos que não possuem escrita, a tradição oral é a principal fonte histórica, não podemos desprezá-la e mais ainda, devemos nos perguntar que tipo de "história" nós desejamos fazer.

De acordo com Vansina, dentro da tradição oral existem várias categorias que podem ser classificadas em: fórmulas, poesias, listas, relatos e comentários.[62] Cada uma destas, segundo o autor, apresenta uma finalidade específica dentro das sociedades que as produzem, podendo ser algumas simplesmente associadas ao mero entretenimento. Os mitos, assunto de nosso interesse, encontram-se dentro da categoria relatos e, de acordo com o autor, são testemunhos cujo objetivo é instruir, explicar o mundo, a cultura e a sociedade. Portanto, seu caráter particular explica o extremo

---

61 VANSINA, Jan. *La Tradición Oral*. Barcelona: Editorial Labor, 1968.

62 *Idem*, p. 153-4.

64 JULIANA RIBEIRO DA SILVA

cuidado que se tem em sua transmissão: geralmente são reproduzidos através de um ritual que evoca e reproduz o próprio mito.[63]

E se já se constatou que nas sociedades centro-africanas é bastante recorrente o aparecimento da figura do ferreiro dentre os personagens principais dos mitos e, como afirmou Vansina anteriormente, que o mito tem o objetivo de explicar o mundo e a sociedade, estes podem nos oferecer pistas interessantes para entender esses especialistas e o valor do ferro nas sociedades africanas.

Ainda assim, existem muitos estudiosos de África que não reconhecem a validade dos mitos como fontes históricas. Colleen Kriger aponta que no caso dos ferreiros, eles mesmos seriam os criadores dos mitos como forma de enaltecimento do próprio ofício. Já num outro capítulo de sua obra, quando a autora se refere especificamente a um mito sobre o surgimento da metalurgia do ferro entre os kuba, ela afirma que esse pode ser interpretado como uma glorificação da supremacia Bushoongo, e por isso deve ser visto com suspeita. Kriger afirma que as evidências orais dos kuba a respeito do ferro não são fidedignas exceto como um indicador da antiguidade da metalurgia e o alto valor dado ao ofício pelos criadores e recitadores das tradições orais. Dada a ausência de trabalhos arqueológicos no reino, as origens e cronologias da produção de ferro kuba permanecem obscuras.[64]

Realmente, é preciso não interpretar os mitos como fatos que ocorreram de forma literal, entretanto, a preocupação em utilizá-los como fontes históricas nesse trabalho está muito mais ligada à tentativa de compreensão da recorrência destes nas sociedades centro-africanas e suas utilizações em momentos específicos, como nos processos de legitimação de poder de chefes, do que para examinar se de fato as sociedades que os preservam possuem alguma ligação com a metalurgia. Portanto, se foram realmente os ferreiros que criaram os mitos

---

63 *Idem*, p. 168.

64 KRIGER, Colleen. *Pride of Men, op. cit.*, p. 166.

HOMENS DE FERRO 65

para enaltecer eles próprios, não são apenas esses profissionais que se beneficiam dele. Os mitos pertencem a toda uma sociedade.

É preciso ressaltar que, se são os recitadores os responsáveis por dar muita importância ao ofício, como afirma Kriger, é porque os ouvintes enxergam sentido no que está sendo relatado e de alguma forma estes servem para explicar a sociedade e a organização do mundo. Além disso, os recitadores e tradicionalistas orais, por também fazerem parte da sociedade, compartilham os valores e comportamentos comuns ao grupo.

O estudo de mitos é bastante complexo e, como afirma Mircea Eliade,[65] o problema inicial é como defini-los:

> Será realmente possível encontrar uma única definição capaz de cobrir todos os tipos e todas as funções dos mitos, em todas as sociedades arcaicas e tradicionais? O mito é uma realidade cultural extremamente complexa, que pode ser abordada e interpretada através de perspectivas múltiplas e complementares.

E para sair do impasse por ele mesmo colocado, Eliade sugere uma definição ampla:

> (...) o mito conta uma história sagrada; ele relata um acontecimento ocorrido no tempo primordial, o tempo fabuloso do 'princípio'. Em outros termos, o mito narra como, graças às façanhas dos Entes Sobrenaturais, uma realidade passou a existir, seja uma realidade total, o Cosmo, ou apenas um fragmento: uma ilha, uma espécie vegetal, um comportamento humano, uma instituição. É sempre, portanto, a narrativa de uma "criação":

---

65 ELIADE, Mircea. *Mito e Realidade*. São Paulo: Perspectiva, 2006.

66 JULIANA RIBEIRO DA SILVA

> ele relata de que modo algo foi produzido e começou a ser.[66]

A função dos mitos, para o autor, seria então a de "revelar os modelos exemplares de todos os ritos e atividades humanas significativas: tanto a alimentação ou o casamento, quanto o trabalho, a educação, a arte ou a sabedoria".[67] É importante ressaltar que, para o autor, os mitos não narram apenas a origem do Mundo, dos animais, das plantas e do homem, mas também "de todos os acontecimentos primordiais em consequência dos quais o homem se converteu no que é hoje – um ser mortal, sexuado, organizado em sociedade, obrigado a trabalhar para viver, e trabalhando de acordo com determinadas regras".[68]

Um esclarecedor exemplo citado por Eliade é o de um povo que vive da pesca, e isso porque, nos tempos míticos, um ser sobrenatural ensinou seus ancestrais a apanhar e cozinhar os peixes:

> (...) O mito conta a história da primeira pescaria, efetuada por um Ente Sobrenatural, e dessa forma, revela simultaneamente um ato sobre-humano, ensina aos homens como devem efetuá-lo por seu turno e, finalmente, explica por que essa tribo deve nutrir-se dessa maneira.[69]

Fica claro, através desse exemplo, que o "conhecimento" vem acompanhado de um saber mágico-religioso, assim como veremos mais adiante com o da metalurgia. "Conhecer a origem de um objeto, de um animal

---

66 *Idem*, p. 11.

67 *Idem*, p. 16.

68 *Idem*, p. 16.

69 *Idem*.

HOMENS DE FERRO   67

ou planta, equivale a adquirir sobre eles um poder mágico, graças ao qual é possível dominá-los, multiplicá-los ou reproduzi-los à vontade".[70] O medievalista Hilário Franco Junior, também um estudioso dos mitos, mas no contexto da Idade Média europeia, afirma que o mito desempenha papel central nas sociedades por expressar a sensibilidade profunda dos homens. Para o autor, o mito busca explicar de maneira própria fenômenos chaves para a sociedade que o cria ou o adota. Mas essa tentativa de explicação que não exclui categorias racionais, no entanto, está baseada fundamentalmente na sensibilidade e na intuição. A dificuldade de sua apreensão pelos estudiosos modernos está justamente na suas várias possibilidades de interpretação. "Sendo uma metáfora que procura captar o significado essencial do homem e do mundo, o mito é ao mesmo tempo largamente 'natural' e profundamente 'cultural'".[71]

Dessa forma, conhecendo o mito, conhece-se a origem das coisas, a sensibilidade dos homens. Mas esse conhecimento não é exterior, abstrato, mas sim um conhecimento que é vivido ritualmente, seja narrando o mito, seja realizando o ritual ao qual ele serve de justificação. Assim, de acordo com Franco Junior, a tarefa de recitar os mitos está ligada a uma reintegração àquele tempo fabuloso. A pessoa que o escuta, passa a compartilhar daqueles eventos evocados. "Ao 'viver' os mitos, sai-se do tempo profano, cronológico, ingressando num tempo qualitativamente diferente, um tempo 'sagrado', ao mesmo tempo primordial e indefinidamente recuperável".[72]

É Georges Balandier,[73] no entanto, quem trabalha de maneira mais profunda a questão do ritual e sua ligação com o mito. Para ele,

---

70   *Idem*, p. 19.

71   FRANCO JUNIOR, Hilário. *A Eva Barbada*. São Paulo: Edusp, 1996, p. 22-3.

72   *Idem*, p. 21.

73   BALANDIER, Georges. *A Desordem. Elogio do Movimento*. Rio de Janeiro: Bertrand Brasil, 1997.

68 JULIANA RIBEIRO DA SILVA

o rito seria um mito traduzido em ações práticas, mas o primeiro não é simplesmente nem o reflexo nem a representação do segundo. O rito tem sua lógica própria e sua organização é resultado disso; "se inscreve no interior de um sistema, que contribui para a integração individual em uma sociedade e em uma cultura (iniciação), ou à gestão do sagrado (culto), ou à manifestação do poder (cerimonial político), ou a qualquer outra finalidade de ordem social". O rito, segundo ainda o autor, por ser uma liturgia, comporta uma sucessão de fases "durante as quais se associam de forma específica os símbolos, os ícones, as palavras e as atividades".[74]

Carlos Moreira Henriques Serrano,[75] em seu artigo "Poder, símbolos e imaginário social", nos dá um exemplo concreto da associação mito/rito, discutida acima por Balandier. Ao analisar o poder e a figura do soberano, Serrano afirma que o primeiro não se caracteriza apenas pela apropriação de espaços e a sujeição de pessoas, mas também pela manipulação de símbolos e signos. O soberano, segundo ele, vive uma existência simbólica diferente, consubstanciada no discurso mítico, que remonta às origens do Reino. "No rito que 'reatualiza' o mito no tempo histórico, ele se apropria de símbolos, insígnias, bens de prestígio e outros privilégios que legitimam num 'espetáculo' a sua diferença dos homens comuns, pela sua origem".[76]

É importante ressaltar que, se o mito é "vivo" no sentido que fornece modelos para a conduta humana, conferindo significação e valor à existência, conforme defende Eliade, é preciso deixar claro que este não "rege" a vida dos homens nas sociedades chamadas tradicionais,

---

74 Idem, p. 29-32.

75 SERRANO, Carlos Moreira Henriques. Poder, símbolos e imaginário social. *Angola*. Coimbra: Centro de Estudos africanos, 1983.

76 *Idem*, p. 49.

sem nenhum tipo de questionamento. Não podemos esquecer que os mitos se transformam e morrem, como afirma Claude Lévi-Strauss.[77] Assim, o mito é uma fonte histórica importante para pensar África não porque simplesmente esse "domina o pensamento dos africanos na sua concepção do desenrolar da vida dos povos", mas porque, conforme ressaltam Hama e Ki-Zerbo,

> Em geral o tempo africano tradicional engloba e integra a eternidade em todos os sentidos. As gerações passadas não estão perdidas para o tempo presente. À sua maneira, elas permanecem sempre contemporâneas e tão influentes, se não mais, quanto o eram durante a época em que viviam. Assim sendo, a casualidade atua em todas as direções: o passado sobre o presente e o presente sobre o futuro, não apenas pela interpretação dos fatos e o peso dos acontecimentos passados, mas por uma irrupção direta que pode se exercer em todos os sentidos.[78]

O mito do rei-ferreiro

A análise de mitos que trazem a ideia do rei-ferreiro nos permite apreender as questões simbólicas que envolvem a associação entre o chefe e o ofício de ferreiro. Esses mitos reforçam a ideia do "mito hamita", que utiliza a exclusão para a legitimação do poder, ou seja, a partir do momento em que a fundação de um Estado é explicada pelo surgimento de uma pessoa estrangeira, detentora de conhecimentos

---

77 LÉVI-STRAUSS, Claude. Como morrem os mitos. *Antropologia Estrutural Dois.* Rio de Janeiro: Tempo Brasileiro, 1976.

78 HAMA, Boubou; KI-ZERBO, J. O Lugar da História na sociedade africana. Ki-Zerbo, J. (coord.). *História Geral da África*, vol. I. São Paulo: Ática; Unesco, 1980, p. 62.

70 JULIANA RIBEIRO DA SILVA

tecnológicos não antes vistos e nunca acessados pelas pessoas "comuns", dificilmente a legitimação do poder não será bem sucedida. E obviamente, os chefes posteriores possuem interesse em justificar a sua permanência no poder pelo fato de também possuírem um domínio tecnológico que não é disponível a todos, mesmo que na prática este não detenha esse conhecimento.

Os dois primeiros mitos selecionados para serem analisados aqui contam como se deu a chegada do ferro para alguns povos, e mostram a nítida associação entre o domínio da técnica da metalurgia do ferro e o poder. O primeiro mito é bastante conhecido dos estudiosos e foi mais amplamente divulgado a partir do missionário capuchinho João Antônio Cavazzi de Motecúccolo,[79] que teve suas pesquisas e observações transformadas numa importante obra, fruto de sua vivência entre essas populações do Congo, Angola e Matamba, durante treze anos, e que foi publicada pela primeira vez em língua italiana, em Bolonha, em 1687.

De acordo com Cavazzi, a chegada do ferro no Reino do Dongo se deu a partir do seguinte relato:

> Dizem os naturais que este foi um tal Ngola-Mussuri, o que quer dizer 'rei-serralheiro', a quem um ídolo tinha ensinado a arte fabril. Pode ser que este homem, mais perspicaz que os outros, achasse a maneira de preparar o ferro, para machados, machadinhos, facas e setas, coisas que ajudavam os Pretos na caça e na guerra e foram para o artista grande fonte de riquezas. Como usava delas com sagacidade e socorria a todos nas necessidades públicas, ganhou amor e o aplauso dos povos, de tal maneira que, por conhecerem nele grande capacidade e tino singular,

---

79 MONTECÚCCOLO, Antônio Cavazzi de. *Descrição histórica dos três reinos do Congo, Matamba e Angola*. Lisboa: Junta de Investigações do Ultramar, 1965.

HOMENS DE FERRO 71

muitos régulos o proclamaram chefe do país, que se chamava 'Ndongo', ou de Angola.[80]

O segundo mito é bastante difundido entre os Bambala, um subgrupo dos Kuba, povo que vive entre os rios Kasai e Sankuru, na atual República Democrática do Congo.

> Certo dia, Woto encontrou uma grande pedra que Bumba O Chembe tinha evacuado. 'O que é aquilo?' Ele perguntou. As pessoas responderam: 'é o excremento de Deus'. Assim, Woto ordenou que aquilo deveria ser levado para a aldeia e honrado. Na noite seguinte, Bumba apareceu para Woto em um sonho, e disse a ele: "você tem agido sabiamente honrando tudo que vem de mim, até mesmo meu excremento. Como uma recompensa eu te ensinarei como você deve fazer uso disso. Assim, Bumba mostrou a Woto como extrair ferro do minério.[81]

Retomando a ideia contida no "mito hamita", tratada anteriormente, fica explícito que esses dois relatos exploram perfeitamente a questão da exclusão como legitimação do poder. No primeiro mito, está claro que Ngola-Mussuri possuía um conhecimento que não era comum a todos. Por causa disso, ele "fazia coisas (ferramentas) que ajudavam os Pretos na caça e na guerra". Ou seja, Ngola-Mussuri trouxe benefícios não antes vistos para uma sociedade. Novamente a legitimação do poder se dá a partir do seu diferencial. Para reforçar essa ideia, o relato deixa claro que foi um "ídolo" que o escolheu para ser o perpetuador de um conhecimento exclusivo.

No segundo relato, a história se repete. Woto teve uma postura completamente diferente das demais pessoas de seu povo ao encontrar

---

80 *Idem*, p. 253.

81 WAINWRIGHT, G.A. The Coming of Iron to Some African Peoples. *MAN*, vol. 42 (sep-oct, 1942), p. 103-4. "Tradução minha"

72 JULIANA RIBEIRO DA SILVA

uma pedra. E, apesar do segundo relato (dos Bambala) não deixar explícita a relação entre metalurgia e realeza, Wainwright[82] deixa claro que Woto foi o quarto rei dos Kuba e seu reinado ocorreu por volta de 510 enquanto Bumba, o deus supremo que fez a revelação a Woto, foi o primeiro rei dos kuba e governou por volta de 450. Ou seja, Woto é o perpetuador de uma tradição de chefes ferreiros tendo o primeiro, Bumba, se tornado deus supremo. O mito tem o papel de garantir a legitimidade do poder daquele que o detém, principalmente pelo fato do personagem possuir uma postura diferenciada das demais pessoas.

Assim, nos dois relatos fica dado o recado: se foi a própria divindade que elegeu determinada pessoa como rei, quem será capaz de discordar da vontade do não humano? É preciso esclarecer que o rei só é de fato eleito por ser ele também um ferreiro. Isso porque o profissional do ferro possui, como será visto posteriormente, a qualidade de acessar o mundo invisível, o que o torna diferente das demais pessoas. Os saberes ligados à transformação do minério de ferro não são apenas do domínio dos humanos. A intervenção das esferas não humanas e o conhecimento sobre como lidar com elas, principalmente através de rituais e interditos, são fundamentais para o sucesso do trabalho.

Muitos chefes chegam a utilizar a ideia do rei-ferreiro num momento de crise, com a finalidade de retomar o controle do poder, perdido por algum motivo, ou para justificar a entronização de um soberano. Tal é o caso do Reino do Congo. Com as mudanças sofridas a partir da destruição de São Salvador, na segunda metade do século XVII, após a derrota imposta pelos portugueses em Ambuíla, uma nova nobreza emerge e juntamente com ela novas versões dos mitos fundadores do reino. Em 1701, por exemplo, Francesco da Pavia, líder da missão capuchinha no Congo e Angola, notou o surgimento de uma nova tradição oral das origens do Congo entre jovens membros da corte de Pedro IV. Segundo Pavia, a nova versão substituía o exército

---

82 *Idem*, p. 104.

HOMENS DE FERRO   73

conquistador de Nimi a Lukeni, até então herói fundador do reino do Congo, por um ferreiro muito habilidoso, que teria fundado o reino, através da união de facções rivais.[83]

Ou seja, nesse caso, o "mito hamita" é retomado, e a figura do ferreiro aparece novamente como o conquistador/fundador de um Estado. Na interpretação de Thornton, a substituição de Nimi a Lukeni por um ferreiro foi habilidosamente feita para garantir a fixação e legitimidade desse novo poder. Novamente, a figura do ferreiro é retomada porque é diferente das demais pessoas e tem a capacidade de apaziguar conflitos, sendo uma figura bem vista por todos. Esse episódio do Reino do Congo nos mostra que "diante do mito original aparece o mito dos novos começos, que almeja a ruptura com a história vigente no sentido de provocar a chegada da história desejada".[84] O interessante é que este mito pertence a um tempo histórico (o dos homens), "e não no tempo antes do tempo, de acordo com uma fórmula que abre frequentemente a narrativa mítica das origens do mundo".[85]

Mas se a associação do rei com a detenção de um conhecimento tecnológico muitas vezes se dá apenas no plano mítico, na esfera social, o chefe e o ferreiro estão de fato interligados e essa associação não pode ser desprezada no entendimento da relação dos africanos com o ferro.

Recentemente, antropólogos e arqueólogos chamaram a atenção para as dimensões simbólicas da paridade do ferreiro e do chefe e propuseram uma revisão dos componentes históricos dessa associação. De acordo com Eugenia Herbert, a metalurgia e a realeza compartilham um entendimento comum da natureza e do controle do poder. Muitos elementos ligados ao poder dos ferreiros podem também ser aplicados, em alguns casos, ao líder político.[86]

---

83 THORNTON, John K. *The Kingdom of Kongo, op. cit.*, p. 84.

84 BALANDIER, George. *A Desordem, op. cit.*, p. 26.

85 *Idem.*

86 HERBERT, Eugenia. *Iron, Gender and Power, op. cit.*, p. 131-2.

74 JULIANA RIBEIRO DA SILVA

Wyatt MacGaffey afirma que pessoas que possuem poder, o obtêm direta ou indiretamente do outro mundo. Esse poder pode ser usado para trazer benefício pessoal ou público, podendo ser produtivo ou destrutivo.[87] Assim, conforme afirma o mesmo autor, os chefes e os bruxos exercem, por exemplo, o mesmo poder, com a diferença que os chefes o exercem em nome da comunidade, enquanto um bruxo o utiliza em benefício próprio ou para satisfazer ressentimentos pessoais.[88]

E se o chefe exerce o poder para trazer benefício para a comunidade, não se pode esquecer que bem-estar está intimamente ligado à produção e à reprodução, ou seja, à fertilidade tanto da terra quanto da própria população. No entanto, o poder do chefe não é exercido de maneira independente, ele precisa contar com outras pessoas, que apesar de não serem chefes, também obtiveram poderes a partir do acesso ao "outro mundo", como os ferreiros.

Talvez a ideia do rei-ferreiro tenha surgido para agregar ainda mais poder ao chefe, isto é, a partir do momento em que um chefe é também ferreiro, ele pode reinar de forma absoluta, sem depender do profissional de fato, o que faz legitimar ainda mais o seu posto de mando. A definição de poder em África proposta por Eugenia Herbert vai de encontro a essa ideia. Segundo a autora, o poder está ligado aos meios pelos quais se acredita que indivíduos específicos têm a capacidade de obter acesso e controle sobre pessoas e recursos através do domínio de processos ligados à transformação, como é o caso da metalurgia.[89]

Na prática, no entanto, o chefe necessita contar com o suporte dos poderes reunidos na figura do ferreiro. E não só dos profissionais do ferro. Figuras como do sacerdote, do caçador e dos anciãos, todos dota-

---

87 MACGAFFEY, Wyatt. *Religion and Society*. Chicago: The University of Chicago Press, 1986, p. 170.

88 *Idem*, p. 171.

89 HERBERT, Eugenia. *Iron, Gender and Power*, *op. cit.*, p. 3.

HOMENS DE FERRO   75

dos de poderes oriundos de esferas não humanas, são imprescindíveis para a boa atuação do chefe perante sua comunidade.

A figura do caçador, por exemplo, possui um entendimento da natureza inacessível às outras pessoas, além de lidar com o não humano. Muitos povos da região centro-africana também possuem mitos de origem ligados a este. De acordo com Balandier, o caçador é

> O artesão de uma ordem refeita e considerada superior, na medida que adquiriu esses dons, percorrendo espaços não submetidos à lei humana. Figura mediadora, o caçador mítico fundador revela passagens entre o mundo socializado e o selvagem; é, aliás passando deste para aquele que ele pode ter acesso a poderes fora do comum e o demonstrar.[90]

Além disso, o ferreiro é nas sociedades centro-africanas, tanto historicamente quanto simbolicamente, aquele que está ligado à fertilidade, conforme será discutido a seguir.

A fertilidade

O domínio da fertilidade pode ser aplicado tanto ao ferreiro como ao chefe. Se o soberano é aquele que faz a intermediação entre o mundo visível e invisível e, portanto, é responsável pela manutenção do equilíbrio da sociedade que rege, o que significa garantir a colheita, a chuva e a reprodução das mulheres, o ferreiro é aquele que, ao agir em parceria com o chefe, ajuda a garantir o bem-estar da sociedade.

Conforme já exposto anteriormente, na África tradicional o Estado não é definido em termos de território e sim de pessoas. Assim,

---

90   BALANDIER, George. A Desordem, op. cit., p. 102.

76 JULIANA RIBEIRO DA SILVA

há um interesse, por parte do chefe, em manter a capacidade reprodutiva da população sempre alta. Mais pessoas significam maior produção, reprodução e status. O ferro e, consequentemente, o ferreiro, contribuem para essa dinâmica de várias formas, sendo as mais óbvias: prover ferramentas para a agricultura, além de armas para a guerra, insígnias de poder e objetos que servem como moeda.

O objeto de ferro em várias regiões da África faz parte do "dote" oferecido à família da noiva. O detalhe é que para muitos povos, o objeto de ferro está, simbolicamente, muito mais ligado à garantia da fertilidade da futura esposa do que ao valor econômico do presente. Colleen Kriger lembra que as transações ligadas ao "dote" são uma série de pagamentos da família do marido para a família da esposa antes do casamento e ao longo dele. O seu pagamento não está ligado apenas à circulação e distribuição de riquezas, mas também à definição de papéis.[91]

É importante ressaltar ainda que não é apenas por produzir objetos que garantem a fertilidade que o ferreiro está associado a ela. Existem aspectos simbólicos complexos envolvidos com a questão, como a associação dos ferreiros com os *bisimbi*, ou seja, espíritos locais.

O exemplo Congo: os Bisimbi

As crenças congo estavam assentadas na ideia de que o mundo está dividido em duas partes, como duas montanhas separadas por uma grande extensão de água (*kalunga*) e simbolizada por duas cores: o preto, cor dos vivos, da vida; e o branco, associado à morte, aos antepassados e ao mundo invisível. O mais alto posto é ocupado por *Nzambi*, que seria, de maneira simplificada, o deus supremo, criador de tudo que existe, mas que depois da criação não teria mais se manifestado

---

91 KRIGER, Colleen. *Pride of Men, op. cit.*, p. 198.

HOMENS DE FERRO 77

para os homens. Na prática, essa visão de mundo se refletia em corpos de crença, com organização e cultos específicos.

O primeiro grupo de crenças está associado ao culto aos mortos, principalmente por causa do receio destes interferirem negativamente na existência dos vivos. O segundo estava ligado à *mbumba*, identificada algumas vezes como uma serpente gigante, que designava sempre os espíritos da terra e da água, e também a fertilidade. Nas regiões mais costeiras, esses espíritos eram conhecidos como *simbi* (plural: *bisimbi*), também associados a espíritos locais.[92]

Segundo Wyatt MacGaffey, o que chamamos de espíritos são para os bacongo, seres humanos que após morrerem passam a existir em outros corpos, à semelhança dos humanos. Mas no que diz respeito à natureza e origem dos *bisimbi*, não existe um consenso. Alguns afirmam que estes nunca foram homens, outros alegam que são homens da água assim como somos homens da terra.[93]

O autor ressalta que, de acordo com algumas pessoas, os *bisimbi* estão entre os mortos, pois seriam seres humanos que morreram duas vezes, primeiro na Terra e depois no mundo dos mortos. Eles viveram e morreram na Terra há muito tempo e depois, após uma longa vida no mundo dos mortos, eles morreram novamente e foram transformados nos *bisimbi* da Terra. Pessoas que viveram em tempos mais recentes não se tornam *bisimbi*. Outros defendem que os *bisimbi* são uma classe especial de seres criados por Nzambi, vivendo num mundo à parte, mas se comunicando com os habitantes da Terra.[94]

Os *bisimbi* são responsáveis pela fertilidade tanto das mulheres quanto da terra. Por isso, os gêmeos, considerados frutos de mulheres muito férteis, são considerados encarnações dos *bisimbi*. Esses es-

---

92 Para mais detalhes ver: M'BOKOLO, Elikia. *África Negra. História e Civilizações*. Tomo I. Lisboa, Vulgata: 2003, p. 182-3.

93 MACGAFFEY, W. *Religion and Society*, *op. cit.*, p. 76

94 *Idem*, p. 77.

78 JULIANA RIBEIRO DA SILVA

píritos locais são ainda tidos como grandes guardiões da tecnologia, especialmente a tecelagem e a metalurgia, daí a sua íntima associação com o ferreiro. Conforme relata o missionário Laman, no início do século XX, uma crença popular no norte do Congo afirmava que Funza, o criador e chefe dos *bisimbi*, teria feito as montanhas cujas pedras poderiam ser trituradas e fundidas para fornecer cobre, chumbo e ferro.[95]

E como um dos papéis do chefe está ligado à garantia da fertilidade dos súditos e dos campos, a consagração deste é realizada por um sacerdote dos *bisimbi*, que muitas vezes é o próprio ferreiro. De acordo com MacGaffey, "a ligação entre esses cultos e a metalurgia do ferro, tão próxima que em algumas áreas o ferreiro era o principal sacerdote *simbi*, é bastante lógica, dada a dependência dos agricultores das ferramentas de ferro".[96]

Talvez por essa importante ligação e interdependência, chefes e ferreiros possuem um grande respeito mútuo. Muitas vezes, os próprios ferreiros se consideram "pais" dos chefes. De acordo com MacGaffey, os ferreiros são iniciados em circunstâncias similares às dos chefes. Os dois podem ainda fazer parte do mesmo clã. Alguns interditos também são comuns às duas figuras. Assim que o ferreiro começa a aprender a sua arte, ele fica impedido de ingerir as carnes proibidas ao chefe e deve usar braceletes. Dessa forma, enquanto o chefe está ligado aos seus predecessores, o ferreiro está conectado com os espíritos locais. Sua própria iniciação exige que uma grande pedra seja retirada do rio de forma apro-

---

95 LAMAN, Karl. *Kongo*, vol. IV, p. 32. Apud. SLENES, Robert W. *The Great Porpoise-Skull Strike: Central African Water Spirits and Slave identity in Early-Nineteenth-Century* Rio de Janeiro. HEYWOOD, Linda M. (ed.) *Central Africans and Cultural Transformations in The American Diaspora*. Cambridge, Cambridge University Press, 2002. Os registros de Laman foram feitos no início do século XX, entretanto, eles são importantes para pensar o século XIX.

96 MACGAFFEY, W. *Religion and Society*, *op. cit.*, p. 179. "Tradução minha"

HOMENS DE FERRO   79

priada, e colocada em sua oficina; normalmente essas pedras são objetos *simbi*, e dessa forma, sua ligação com o local é indicada pela regra que defende que se o ferreiro mudar de localidade, não poderá levar consigo a pedra, mas deve adquirir e consagrar uma nova.[97] Assim, a responsabilidade do rei pelo bem-estar da sociedade é compartilhada pelo *kitomi*, nome dado ao sacerdote do culto dos *bisimbi*. Muitas vezes, as obrigações do *kitomi* são de responsabilidade de um ferreiro. Afinal, o ferreiro é também aquele que promove a fertilidade e a cura, ao utilizar seus foles para "soprar" as doenças das pessoas.[98]

Conforme afirma MacGaffey, essa é uma situação que ocorre ainda nos dias de hoje, ou pelo menos até o momento em que ele finalizou a sua pesquisa, em 1970. Mas apesar de ter realizado trabalho de campo nesse período, o autor deixa claro que o seu objetivo é entender, principalmente, a religião dos povos congo na longa duração, principalmente no século XIX. Isto é, MacGaffey está preocupado em apreender as importantes permanências no que diz respeito à religião congo ao longo do tempo.

O exemplo da ligação dos ferreiros com os *bisimbi*, no caso congo, nos permite compreender que a relação dos africanos e mais especificamente, do chefe com o ferro e, consequentemente, com o ferreiro, transcende a relação econômica com o mineral. Ficou claro que o ferreiro é aquele que, ao ajudar a garantir a fertilidade, importante atribuição do chefe, é também responsável por manter o mundo em equilíbrio.

A confirmação dessa parceria e interdependência entre ferreiro e chefe pode ser vista também na participação do primeiro nas cerimônias de entronização do soberano e na elaboração de suas insígnias de poder. Acima ficou explícito o modelo congo, no entanto, em toda a

---

97   *Idem*, p. 67

98   *Idem*, p. 195.

África central é possível encontrar exemplos da importante participação desses profissionais, conforme será visto posteriormente.

Entronização de chefes e produção de insígnias de poder

Em muitas sociedades centro-africanas, os ferreiros têm uma participação bastante significativa nos rituais ligados às cerimônias de entronização do novo soberano. Certamente, o papel ativo desses profissionais está ligado às questões relacionadas à fertilidade, como visto anteriormente. O papel do ferreiro nessas cerimônias também reforça a ideia do rei-ferreiro e assim serve como arma para garantir a legitimação do poder do novo chefe.

É importante ressaltar que é muito difícil ter acesso aos detalhes das cerimônias de entronização dos chefes nas sociedades africanas. A investidura real, como qualquer outra iniciação, exige um período de reclusão. Quando o futuro chefe é retirado de suas atividades cotidianas, este entra em contato com o mundo não humano. Alguns autores chegam mesmo a relacionar esse processo à morte e renascimento.

De qualquer forma, é possível constatar que a bigorna e o martelo, ferramentas de trabalho essenciais do ferreiro, são, em diversas regiões da África central, peças fundamentais na entronização de chefes e também insígnias de poder. Eugenia Herbert afirma que até tempos recentes os chefes congo possuíam versões em miniatura desses dois instrumentos de trabalho. Em cerimônias ligadas à realeza, o martelo era batido na bigorna para anunciar a chegada do rei.[99] Já entre os luba, havia uma cerimônia denominada "bater na bigorna", na qual os joelhos do rei eram golpeados da mesma forma que um ferreiro batia na bigorna para lembrar ao chefe que foi o ancestral Kalala Ilunga que introduziu a tecnologia do ferro na região. É importante ressaltar que é

---

99 HERBERT. Eugenia. *Iron, Gender and Power, op. cit.*, p. 134.

HOMENS DE FERRO   81

comum os luba possuírem heróis fundadores nomeados com a palavra *Ilunga*, que significa, na língua local, forno (de fundição).

Na investidura dos tio, o ferreiro era responsável por acender o fogo quando o candidato a novo rei era isolado. A bigorna, para os tio, também está associada ao poder. De acordo com Herbert, o chefe é considerado o senhor do Nkwe Mbali, espírito da natureza associado à fertilidade, que fica alojado no rio Lefini, bem em frente a uma pedra onde seis bigornas estariam presas. Uma delas representa o próprio rei. As bigornas são consideradas metonímias não somente do poder, mas da própria vida. Toda manhã o sacerdote deve visitar o lugar e se perceber a falta de alguma delas, é sinal de que alguém ali representado pode morrer.[100]

Era também o ferreiro o responsável por forjar o colar do novo chefe tio, o mais alto símbolo do poder. Aliás, assim como o ferreiro tinha participação ativa nas cerimônias de entronização do novo rei, frequentemente a produção de insígnias era também de responsabilidade desse profissional. Entre os quiocos, os lunda e os ovimbundu a maioria dos objetos que simbolizavam o poder era feito de ferro.

Joseph Miller, em *Poder Político e Parentesco* se dedica à análise do *ngola*, um símbolo de linhagem dos mbundu. Originalmente um objeto de ferro de forma bem definida, podendo ser um martelo, um sino, uma enxada, uma faca, o *ngola* dava acesso a forças espirituais fundamentais na regulação dos assuntos dos homens. Segundo o autor, foi a difusão desses pequenos pedaços de ferro que permitiu aos mbundu uma maior mobilidade, pois era um objeto de fácil transporte.

Quando uma linhagem mbundu recebia um *ngola*, nomeava para ele um guardião, e tal como outros objetos associados à árvore *mulemba*, ele era o mediador entre os membros vivos e mortos da linhagem. Ele ajudava o seu guardião a resolver disputas, entre outros assuntos. Ou seja, essa mesma enxada usada para fins práticos e econômicos era também um símbolo de linhagem, cujo papel era garantir o equilíbrio

---

100 *Idem*, p. 141.

82   JULIANA RIBEIRO DA SILVA

da sociedade. E só para se ter uma dimensão da relação do chefe com o ferro, os mbundu do século XVII, descendentes dos samba, davam aos seus governantes originais o título de *musuri*, o termo em kimbundu para ferreiro. As tradições mbundu associavam os samba a uma sofisticada tecnologia do ferro, o que pode sugerir uma das razões pelas quais o *ngola* se difundiu rapidamente entre as suas linhagens. O lendário rei fundador dos samba, "Ngola-Musuri", já mencionado anteriormente, trouxe a competência técnica do trabalho do ferro que permitiu aos mbundu fazer pela primeira vez machados, machadinhas, facas e pontas de flecha.

Segundo Miller, as tradições de grupos modernos vivendo na República Democrática do Congo concordam em retratar os samba como excelentes ferreiros, responsáveis pela introdução de novos métodos de trabalho do ferro, a leste do rio Kwango. A confirmar a ligação entre os samba e novas técnicas metalúrgicas, está o fato de os *jingola* que eles difundiram entre os mbundu sempre terem tomado a forma de objetos fabricados em ferro.[101]

Entre os kuba também há uma recorrência de insígnias de poder feitas em ferro. Colleen Kriger dedica parte de sua obra à análise desses objetos. A autora lembra que estes não constituem um sistema estabelecido de símbolo do poder, mas juntamente com outros objetos e materiais raros eles produzem um efeito visual que fazem referência ao status e relações sociais, e por isso ampliam a ideologia do rei e seus partidários.[102] Segundo a autora, os objetos de luxo dos kuba podem ser

---

101 MILLER, Joseph. *Poder Político e Parentesco, op. cit.*, p. 66-7. Assim como MacGaffey, Miller faz a utilização de informações do século XX para pensar as sociedades africanas na perspectiva da longa duração. Miller, por exemplo, prioriza a história das mbundu do século XVII. O autor utilizou como algumas de suas fontes os relatos orais recolhidos no século XX, em sua pesquisa de campo.

102 KRIGER, Colleen. *Pride of Men, op. cit.*, p. 171.

HOMENS DE FERRO   83

divididos em dois grupos: o de objetos que eram portados ou vestidos pelos homens como insígnias pessoais de poder ou *status*; e o de objetos mantidos como parte do tesouro do rei que eram carregados pelos homens para comprovar que representavam o rei e seus oficiais.

Os objetos ligados ao rei serviam para legitimar, por exemplo, as mensagens enviadas pelo soberano para algum de seus subordinados bem como para exprimir a veracidade dos coletores que viajavam de aldeia em aldeia para recolher impostos. Esses objetos tinham que possuir alta complexidade técnica para impedir que fossem copiados ou falsificados. Assim, não é por acaso que o material escolhido para a elaboração destes fosse geralmente o ferro. Essas insígnias eram ainda produzidas por ferreiros já famosos e reconhecidos pela competência tecnológica, como Myeel, um grande ferreiro kuba analisado por Kriger.[103]

Assim como em outros povos da África central, a bigorna também aparece associada à realeza kuba. Mas o instrumento é certamente usado apenas em cerimônias, dada a sua enorme elaboração e sofisticação técnica. Kriger descreve que essa bigorna possui aspectos diretamente ligados à realeza e sua corte. Ela possui símbolos que remetem a Woot ou Woto, um herói cultural dos kuba relacionado à metalurgia do ferro, o primeiro conhecedor da metalurgia que se tornou rei.

Não era só nas cerimônias de entronização do chefe que o ferreiro participava. Nos momentos de crise no governo era comum a atuação desse profissional bem como nos rituais ligados à morte do soberano. Em algumas regiões da África central, o ferreiro passava sangue de um animal sacrificado, geralmente um boi, nos braceletes retirados do defunto. O papel do ferreiro na cerimônia fúnebre da mulher do chefe era ainda mais específico. O marido jogaria suas próprias roupas na forja, onde

---

103   Para mais detalhes sobre Myeel ver: KRIGER, Colleen. *Pride of Men, op. cit.*, p. 179 e seguintes.

84   JULIANA RIBEIRO DA SILVA

seriam queimadas num fogo feito especificamente para a ocasião. Após a finalização do ritual, o viúvo estaria apto a casar-se novamente.[104]

A essa altura da reflexão, está claro que a relação dos portugueses com os minerais difere da relação que os africanos possuem com estes. É preciso lembrar, entretanto, que os minerais possuem um grande peso na economia das sociedades africanas, bem como para a economia dos portugueses. Mas existem outros fatores fundamentais para a compreensão da relação estabelecida entre os africanos e os minérios. No caso do ferro, é evidente que em toda a África central esse metal e o ofício do ferreiro são usados como forma de legitimação do poder. Os mitos relacionados à figura do rei-ferreiro, bastante difundidos, são muitas vezes usados como arma política.

Pudemos perceber também, que não eram todos os chefes que de fato dominavam a metalurgia do ferro, nem eram todos que detinham o controle de minas de ferro ou de sua produção, mas quase todos relacionavam sua origem a algum ancestral detentor do conhecimento da metalurgia do ferro, o que de alguma forma os tornavam pessoas diferenciadas.

O uso de ferramentas do ferreiro como insígnias de poder e em cerimônias da realeza, como o martelo e a bigorna, servia para causar um impacto visual e também para relembrar aos súditos a ligação do rei com um herói fundador detentor de um conhecimento tecnológico de extrema importância para a garantia do bem-estar da população.

Se nem todo rei era ferreiro, quase todo rei na África central precisava contar com os poderes desse profissional. Se no Congo esses especialistas estavam associados aos espíritos locais *bisimbi*, em toda a região centro-africana os ferreiros tinham um papel importante em relação à fertilidade, tanto da terra como das mulheres, através de suas ferramentas e também pelo seu poder ligado à transformação.

Essa interdependência entre chefe e ferreiro, no entanto, era também marcada por tensões. O rei a todo tempo tinha que fazer valer

---

104 HERBERT, Eugenia. *Iron, Gender and Power, op. cit.*, p. 137.

o seu domínio sobre o ferreiro. Afinal, o chefe não podia depender da boa vontade do profissional no momento de garantir o bem-estar da população. O exemplo de Golungo Alto, já relatado anteriormente é enfático: a pena de morte seria aplicada a ferreiros que divulgassem a localização das minas de ferro aos portugueses. Isto é, o rei que tinha o seu poder ameaçado poderia ser capaz de tomar atitudes radicais para garantir a manutenção do seu posto.

Capítulo II

Zagourski Postcard Collection.
Manuscripst & Archives, Yale University

Um novo olhar sobre a África

Ao longo dos séculos de contato entre europeus e africanos, as relações sempre foram marcadas por tensões, principalmente devido às divergências de interesses entre as duas partes. Essas discordâncias foram grandes responsáveis pelas dificuldades encontradas pelos portugueses em explorar as potencialidades do continente africano. No que diz respeito às riquezas minerais, ficou evidente que o grande interesse português em explorá-las não foi suficiente para a sua realização. Os motivos para tais fracassos foram diversos, dentre eles destacam-se: a falta de conhecimento técnico dos portugueses, o desconhecimento do território e também as dificuldades impostas pelos africanos, que evitavam o contato dos portugueses com essas riquezas.

A capacidade dos africanos de impedir a exploração plena das potencialidades, apesar do constante uso da violência por parte dos portugueses, passou a sofrer alterações principalmente a partir da segunda metade do século XVIII. As medidas tomadas pelo Marquês de Pombal em Portugal tiveram importantes reflexos em África. Através da atuação do governador de Angola, Francisco Inocêncio Sousa

Coutinho (1764-1772), houve várias tentativas de explorar, de maneira mais organizada e sistematizada, as riquezas do continente. Um dos exemplos mais concretos foi a fundação da Fábrica de Ferro de Nova Oeiras. Os ideais pombalinos, entretanto, não obtiveram em África o sucesso esperado.

Foi a partir do século XIX, no entanto, que os europeus passaram a ter, de fato, um novo olhar sobre o continente africano. Se antes a África era vista prioritariamente como uma grande fornecedora de escravos, a partir desse momento, outras possibilidades de obtenção de riqueza passaram a ser consideradas mais seriamente. Foram muitas as transformações ocorridas tanto na Europa quanto na América no século XIX. A África então passou a ser vista pelas potências europeias como a grande chance de recuperar seus rendimentos, que foram colocados em xeque a partir das modificações pelas quais passaram nesse período. A relação das potências europeias com o continente africano, consequentemente, passou também a sofrer alterações.

As novas formas de contato entre portugueses e africanos foram capazes de alterar as sociedades africanas, mesmo aquelas situadas mais distantes da costa, em seus mais variados aspectos. Os ferreiros, nosso objeto de estudo, não passaram incólumes pelas novidades oriundas dessas modificações.

Dessa forma, uma maior compreensão das transformações vividas tanto na Europa quanto na África possibilita um melhor entendimento sobre a atuação e as adaptações feitas por esses profissionais para conseguirem se manter ativos dentro de suas próprias sociedades.

O século XIX

Dentre as transformações sofridas por Portugal que tiveram importantes reflexos no continente africano destaca-se, já na primeira metade

HOMENS DE FERRO 91

do século XIX, o duro golpe que foi a independência do Brasil, ocorrida em 1822. Afinal, não eram apenas os produtos brasileiros que abasteciam Portugal, havia uma lista de mercadorias que eram exportadas para o Brasil, como linho, chapéus, tecidos de lã e louças, produzidas na cidade do Porto, na região de Entre-Douro-e-Minho e Lisboa.

Ainda não havia se consumado essa separação e os olhares já se voltavam para a África, como solução para os problemas que Portugal atravessava com a quebra do comércio transatlântico. Acreditava-se que as possessões africanas poderiam vir a dar uma contribuição valiosa para a riqueza nacional, semelhante ao que dera antes o Brasil. Contava-se vorazmente com a riqueza desses territórios, cuja extensão mal se conhecia.[1]

Valentim Alexandre também afirma que foi nesse contexto – de uma sociedade profundamente marcada pela existência do império sul-atlântico e que assistia ao seu desmembramento – que surgem os primeiros projetos coloniais centrados nas possessões africanas. Mas o autor considera que foi o forçado reconhecimento da independência do Brasil, que se deu apenas em 1825, que abriu espaço para considerar as possibilidades das colônias em África.[2]

O início do século XIX ficou marcado ainda pelos movimentos para abolir o tráfico de escravos. Essas iniciativas tiveram início nas últimas décadas do século XVIII. Em 1807, a Grã-Bretanha tornou ilegal para seus comerciantes a participação nesse tráfico. A partir de então, apesar de muitos retrocessos e extenso contrabando, os dias da escravidão estavam contados. O governo britânico pressionou outros países europeus e do Novo Mundo, um esforço diplomático que tomou a maior parte do século XIX antes que o

---

1 BETHENCOURT, Francisco; CHAUDHURI, Kirti (orgs). *História da Expansão Portuguesa, op. cit.*, vol. I, p. 229.

2 ALEXANDRE, Valentim. *Velho Brasil Novas Áfricas. Portugal e o Império (1808-1975)*. Porto: Edições Afrontamento, 2000, p. 127.

comércio transatlântico de fato acabasse. Segundo Lovejoy, junto com essa investida diplomática, a Grã-Bretanha estacionou parte da sua frota nas praias africanas para forçar o fim do tráfico. Esse bloqueio, que era relativamente ineficiente no início do século XIX, teve um impacto cada vez mais severo sobre o tráfico.[3]

De acordo com Valentim Alexandre, os portugueses sabiam que não era possível prosseguir as tentativas de penetração em África através da participação no tráfico negreiro, afinal, tinha-se a ideia de que este tráfico estava condenado, a prazo mais ou menos curto, em virtude da pressão inglesa.

O fim do tráfico angolano, decretado em 1836, significou, assim, a grande tentativa de Portugal em cessar a exportação de escravos a partir dos territórios portugueses e conseguir uma maior penetração econômica na África. A ideia era reprimir o tráfico para fomentar a produção local.[4]

A abolição do tráfico de escravos no Brasil, no entanto, ocorreu apenas em 1850. Além disso, o comércio de escravos na África durou ainda por muito tempo. Um parecer do colono Figueiredo e Castro sobre a melhor forma de extinguir a escravatura, datado de 1857, por exemplo, deixou claro que nesse período o problema da escravidão e do tráfico ainda persistia. Num trecho desse parecer, o colono dá a entender que o comércio de escravos continuava por ser simplesmente um hábito difícil de ser transformado.

> (...) Costumados os habitadores europeus da África a enviarem para o Brazil certo número de escravos, com cuja remessa obtinham, com pouco trabalho, meios abundantes para passarem uma

---

3 LOVEJOY, Paul. *A Escravidão na África. Uma História de Suas Transformações.* Rio de Janeiro: Civilização Brasileira, 2002, p. 215-6.

4 ALEXANDRE, Valentim. *Velho Brasil Novas África, op. cit,* p. 137.

vida folgada, senão licenciosa, não atenderam a
que as circunstâncias haviam mudado; (...) [5]

Em 1861 o problema ainda persistia. Devido à própria ilegalidade desse comércio não é possível determinar quem estava envolvido com esse negócio, mas nesse momento o tráfico estava sendo realizado também nas regiões litorâneas ao sul de Angola. Num documento que discorre sobre uma "tentativa de tráfico" é mencionado que um indivíduo chamado Manoel Jose Correia estaria comercializando escravos na região costeira entre Benguela e Moçamedes.[6] O ataque ao tráfico de escravos na África se deu de forma bem mais lenta. Segundo Lovejoy, os países europeus não queriam intervir nos assuntos africanos. Muitas vezes argumentou-se que a escravidão na África era diferente da escravidão nas Américas e por isso poderia ser deixada de lado. Os abolicionistas acreditavam que a abolição do tráfico de escravos e o desenvolvimento do comércio legal fariam com que a própria escravidão chegasse ao fim.[7]

A presença de escravos na África central era bastante significativa. Paul Lovejoy afirma que em 1850 havia 6.020 escravos somente em Luanda, para uma população total de 12.565. Em 1854, havia 26.000 escravos registrados em toda a colônia portuguesa.[8]

Os abolicionistas estavam equivocados em acreditar que o comércio legal levaria ao fim da escravidão na África, pois muitas mercadorias destinadas aos mercados europeus eram cultivadas ou transportadas por escravos. A transição da exportação de escravos para a

---

5   Documento n. 9. *Angola. Apontamentos Sobre a Colonização dos Planaltos e Litoral do Sul de Angola. Documentos.* Portugal: Divisão de Publicações e Biblioteca Agência Geral das Colônias, 1940. Tomo 3, p. 35.

6   Documento n. 28. *Angola. Apontamentos Sobre a Colonização dos Planaltos e Litoral do Sul de Angola. Documentos, op. cit.*, p. 98.

7   LOVEJOY, Paul. *A Escravidão na África, op.cit.*, p. 216.

8   *Idem*, p. 341.

94   JULIANA RIBEIRO DA SILVA

exportação de outras mercadorias resultou muitas vezes na maior utilização de escravos na África.

Além disso, conforme será visto, o comércio legal não surgiu apenas após o fim do tráfico de escravos, ele sempre existiu paralelamente. O comércio do marfim, por exemplo, já existia desde os primeiros contatos entre europeus e africanos. Foi, no entanto, a partir do século XIX que esse comércio atingiu grandes proporções.

Esse aumento do comércio de marfim, aliás, desencadeou no fim do monopólio da Coroa portuguesa sobre esse comércio, em 1834, outro duro golpe para Portugal. Pouco depois, em 1837, chega ao fim a interdição de introduzir nos portos africanos sob autoridade portuguesa, produtos europeus de origem não portuguesa. Mas é em 1845 que há a primeira chegada legal de navios estrangeiros aos portos angolanos. Ou seja, muitas medidas relacionadas ao comércio legal estavam sendo tomadas quando ainda vigorava o tráfico de escravos.

As dificuldades encontradas por Portugal não estavam apenas relacionadas às questões próprias do continente africano. Cada vez mais o país sofria pressões de outras potências europeias que queriam também fazer negócios em África, sobretudo por parte da Inglaterra e de outros países em vias de industrialização.[9] Esses países exigiam a abertura dos mercados e a livre concorrência, para beneficiar cada vez mais o comércio legal.

A interferência de outros países em África não era, contudo, uma especificidade do século XIX. Desde os primeiros contatos com os africanos, os portugueses tiveram que conviver com comerciantes de outras procedências, como da Holanda e França, que acabavam negociando produtos com preços mais baixos ou fornecendo objetos que Portugal havia proibido, como as armas de fogo. Segundo Valentim Alexandre, a concorrência de outras potências no que diz respeito ao

---

9   DIAS, Jill R. Relações Econômicas e de Poder no interior de Luanda ca. 1850-1875. *I Reunião Internacional de História da África, op. cit.*, p. 246.

comércio transoceânico teve início no século XVII, quando os holandeses se instalaram em Loango, depois de expulsos de Luanda.

Mas é no século XIX, que a pressão desses países aumenta significativamente, fazendo com que Portugal perceba a necessidade de delimitar mais precisamente as suas possessões em África. De acordo com Valentim Alexandre, os primeiros projetos coloniais eram extremamente conservadores: dirigiam-se a um novo espaço geográfico (África), mas o seus objetivos nada mais eram do que a reconstituição de um sistema de relações comerciais idêntico ao do antigo regime imperial.[10]

A partir de 1850, portanto, há um aumento da preocupação em se pensar um plano não apenas de delimitação do território sob domínio português, mas também de ocupação. Esse momento chave não pode ser compreendido sem a atuação de Sá da Bandeira.

Autor do decreto que proibiu a exportação de escravos, Sá de Bandeira foi, entre 1856 e 1859, presidente e ministro do Conselho Ultramarino, um órgão de grande tradição na história portuguesa. Uma das diretrizes de sua política foi a criação do plano de expansão territorial em Angola, cujo objetivo central seria o de conseguir o domínio contínuo da costa, desde Cabinda, ao norte, até Cabo Frio, ao sul, tanto por motivos econômicos como por razões políticas, visando evitar a penetração de potências estrangeiras. As ambições de Bandeira, segundo suas próprias palavras, eram:

> Dar o primeiro passo para a execução de um sistema de colonização europeia, no interior da província de Angola, a fim de consolidar a segurança pública, difundir a civilização, proteger o

---

10   ALEXANDRE, Valentim. *Velho Brasil Novas Áfricas*, *op. cit.*, p. 128.

96 JULIANA RIBEIRO DA SILVA

comércio e ampliar até sertão remoto a influência
da autoridade portuguesa.[11]

Isto é, a política colonial prosseguida durante os anos de 1850,
visava alargar o domínio sobre as áreas costeiras de África que Portugal
se achava no direito histórico de reivindicar e sobre alguns corredores
de penetração para o interior, que eram considerados essenciais à construção do novo sistema comercial ultramarino.

Já na década de 30, quando Sá de Bandeira aboliu o tráfico de
escravos, ele tinha em mente esse projeto de manutenção e expansão
das possessões portuguesas, pois segundo o próprio, o fim da exportação de mão-de-obra escrava para o Brasil era o passo indispensável para
o desenvolvimento das colônias portuguesas na África e, consequentemente, o pontapé inicial para a exploração de suas riquezas.

A ideia era traçar os fundamentos de uma economia colonial
que não se baseasse apenas na comercialização de produtos que os africanos forneciam, através da caça, da coleta ou da agricultura. Mas, de
acordo com Jill Dias e Valentim Alexandre, "esse era ainda um objetivo longínquo, na década de trinta, quando as relações mercantis entre
a metrópole e as colônias se achavam quase cortadas".[12]

Quando Sá de Bandeira perdeu o cargo, o plano de expansão sofreu uma grande retração, que perdurou durante toda a década de 60.
A ideia que passou a vigorar foi a de que a aquisição de novos territórios
não deveria ser o principal objetivo de Portugal na África. A década de
70, no entanto, é marcada por uma nova fase de euforia colonial, com
a notícia da descoberta de importantes jazigos auríferos em áreas que
podiam pertencer à Coroa Portuguesa. Jill Dias e Valentim Alexandre
lembram que as raízes dessa retomada estão ligadas ao regresso de

---

11 ALEXANDRE, Valentim; DIAS, Jill (coords.). *O Império Africano. 1825-1890*.
Lisboa: Editorial Estampa, 1998, p. 69.

12 *Idem*, p. 61.

dois mitos já conhecidos pelos portugueses, o da herança sagrada e do Eldorado. Mais uma vez, entretanto, as minas de ouro estavam apenas no imaginário dos portugueses.

Antes de 1870, no entanto, a questão dos recursos naturais já aparecia cada vez mais nos documentos que dizem respeito às possibilidades de exploração da região centro-africana. Se as potências europeias perceberam a necessidade de explorar as suas "possessões", por outro lado, elas sabiam que essa exploração devia vir acompanhada de sua ocupação. A questão crucial era convencer as pessoas a ocuparem um território ainda tão desconhecido. Inicialmente, Portugal contou com aqueles que, após a perda do Brasil, passaram a enxergar a África como uma nova possibilidade de garantir a continuidade de seus rendimentos econômicos. Por outro lado, houve a necessidade dos portugueses oferecerem aos novos colonos uma série de benefícios tais como víveres, educação, instrumentos de trabalho, entre outros. Foi possível observar ainda, a partir da documentação consultada, a "propaganda" feita por Portugal para atrair pessoas dispostas a colonizar regiões consideradas frágeis e visadas por outras potências europeias.[13]

Essa preocupação de Portugal em atrair um contingente populacional para seus territórios em África vai de encontro à crescente necessidade, a partir de 1850, em demarcar de fato suas possessões, conforme vimos através de Sá de Bandeira. Os portugueses começam a perceber a existência de uma possibilidade real em perder seus territórios principalmente para os ingleses. E uma das maneiras encontradas para evitar tais atritos é colonizando de fato essas regiões, deslocando pessoas para essas áreas.

---

13 Angola. *Apontamentos Sobre a Colonização dos Planaltos e Litoral do Sul de Angola. Documentos*, *op. cit.* Consultar documentos contidos nos tomos I e II.

98 JULIANA RIBEIRO DA SILVA

Num documento intitulado "Memórias sobre os sertões", datado de 1846, escrito por um médico e pelo chefe da Repartição de Angola, os autores aconselham que:

> (...) devem empregar na colonisação dos sertões visinhos a Mossâmedes, colonisação sem a qual não é possível segurar este porto, que dos mesmos sertões tira tudo que lhe é necessário para poder subsistir. Sem o domínio do interior nunca nos será permitido assegurar o domínio do litoral d´África; e se o Governo preciza e quer colonisar Mossâmedes, a sua obrigação não é menos rigorosa de colonisar o sertão, que o avisinha, por isso que sem este passo, aquelle será sempre muito precário, e incerto.[14]

Antes de meados de 1850, Portugal já fazia a utilização de termos agressivos para ser referir a suas posses e ao tratar das demais potências europeias. Pesquisando a documentação que diz respeito à colonização dos planaltos e litoral do sul de Angola, principalmente a região de Moçamedes, cuja fundação foi o único plano concreto da política expansionista de Sá de Bandeira na década de 30[15], tal aspecto aparece explicitamente. Num documento de 1852, sobre a urgência de ocupar as regiões do Sul, é relembrado o tratado assinado com a Grã-Bretanha em 1817, que de maneira resumida, firmava o reconhecimento, por parte dos ingleses, dos territórios pertencentes à Coroa portuguesa. Neste mesmo documento, comenta-se que o acordo parece não estar

---

14 Documento n. 24. *Angola. Apontamentos sobre a Colonização dos Planaltos e Litoral do Sul de Angola. Documentos, op. cit.*, tomo II, p. 92.

15 Ao norte de Angola, desistiu-se da ocupação por falta de recursos e em Moçambique ocorreu o mesmo. Os planos de Sá de Bandeira previam a fundação de um presídio em Cassange ou no Cuango e a ocupação, ao sul do Quanza, da região de Quissama. Para mais detalhes ver: VALENTIM, Alexandre; DIAS, Jill. *O Império Africano, op. cit.*, p. 65-9.

HOMENS DE FERRO   99

sendo cumprido e que providências precisam ser tomadas para reverter esse quadro:

> Nestes tempos em que nações poderosas marítimas se tem introduzido em alguns dos domínios portuguezes africanos, sob falsos pretextos, he preciso que tenhamos o cuidado em assegurar o que nos pertence. He estes um dos motivos que determinárão Sua Magestade a Recomendar ao Governador Geral que tenha em attenção os portos que há ao Sul de Benguella, entre elles o de Mossamedes, formado pelo rio Cobal ou das Mortes(...). Convem ter ali um Presídio ainda que pequeno no principio, para que ali se veja fluctuar a bandeira portugueza: d'alli poderá abrir-se comunicação com Caconda.[16]

Termos como fincar ou "fluctuar a bandeira portuguesa" aparecem cada vez mais frequentemente nos documentos do período. Percebe-se ao analisar esse trecho do documento que a atenção dada aos portos continua sendo muito grande. Se antes tal importância estava ligada ao comércio e embarque de escravos, nesse momento tal importância é justificada pela intensificação do contato e exploração do interior centro-africano e consequentemente a necessidade de escoar a produção.

A colonização efetiva das possessões portuguesas significava também recuperar a força política de Portugal perante as outras potências europeias:

> De tudo o que fica exposto se vê que o clima dos paizes Bumbo e Huila são com grande probabilidade habitáveis pelos europeus, e por conseguinte

---

16   Documento n. 61. *Angola. Apontamentos sobre a Colonização dos Planaltos e Litoral do Sul de Angola. Documentos*, *op. cit.*, tomo 2, p. 215.

100 JULIANA RIBEIRO DA SILVA

> no atual estado a que se acha reduzido o comércio deste reino com as suas colônias, necessário é sair por uma vez da sua molle apathia, dando-se quanto antes impulso à colonização daqueles dois pontos do centro d´África, não só para segurança e conservação de Mossâmedes, mas para se lançar com isto os fundamentos de um novo mercado aos artigos de indústria, e agricultura do continente portuguez da Europa, para augmento e prosperidade de sua marinha de guerra, e finalmente para que, além de todas estas vantagens, recupere também a sua antiga importância política entre as nações da Europa.[17]

Na década de 1840 chegou-se a estabelecer em Moçâmedes uma pequena *plantation*, tendo como principal cultura, a cana-de açúcar. Entre os anos de 1860 e 1870 plantou-se o algodão. Segundo Lovejoy, o crescimento da colônia foi limitado pelo ambiente. A área possuía apenas quatro oásis na costa e somente um no interior do continente, o que prejudicava a irrigação. A mão-de-obra utilizada era basicamente de escravos que também eram empregados na indústria pesqueira, que passou a ser desenvolvida após a década de 1860.[18]

É importante lembrar que nesse momento, a ideia de preservar as "possessões" está ligada ao cientificismo, ou seja, passa a haver cada vez mais a necessidade de conhecer as características geográficas do território em todos os seus detalhes. Cada informação obtida podia ser determinante no tipo de ocupação e exploração do território.

Não é à toa que a segunda metade do século XIX assiste a um aumento significativo de viagens de caráter comercial ou científico e, consequentemente, uma multiplicação dos documentos e do

---

17   Documento n. 24. *Angola. Apontamentos sobre a Colonização dos Planaltos e Litoral do Sul de Angola. Documentos, op. cit.*, tomo 2, p. 100.

18   LOVEJOY, Paul. A *Escravidão na África, op. cit.*, p. 342.

HOMENS DE FERRO 101

conhecimento sobre um maior número de regiões e de populações, principalmente as do interior. Maria Emília Madeira Santos lembra ainda que

> Foi a penetração para o interior que deu à presença dos Portugueses na costa da África austral um sentido mais palpável, do ponto de vista africano. As grandes formações políticas situavam-se no interior do continente. Para elas, o mar nunca fora uma fronteira de contacto, mas uma zona limite. A presença de estranhos, apenas nessa linha, não chegaria a determinar relações diretas persistentes, nem sequer lograria exercer uma pressão que decidisse o que quer que fosse nessas civilizações terrestres, que do mar apenas conheciam as conchas e o sal. Do ponto de vista europeu, só o avanço para o interior permitiu a ocorrência de uma dinâmica dirigida e atenta à realidade africana. Por sua vez, os factores locais revelaram-se poderosos parceiros numa relação polifacetada: pacífica e conflituosa, consentida e imposta. Os africanos, espectadores, receptores ou resistentes, não puderam deixar de se envolver.[19]

É justamente a partir desse período em que passa a haver uma maior sedimentação dos preconceitos em relação ao continente africano, resultado de uma longa acumulação de juízos de valores negativos, que condicionam não somente as relações entre portugueses e africanos, mas também os projetos portugueses.[20]

---

19 SANTOS, Maria Emilia Madeira. A Relação Litoral-Interior na Dinâmica da Abertura da África ao Mundo Exterior. *Nos Caminhos de África*. Lisboa: Instituto de Investigação Científica Tropical, 1998, p. 435.

20 HENRIQUES, Isabel Castro. Presenças Angolanas nos Documentos escritos portugueses. *Actas do II Seminário Internacional sobre a História de Angola*. Luanda: Comissão Nacional para as comemorações dos descobrimentos Portugueses, 1997, p. 33.

102 JULIANA RIBEIRO DA SILVA

Não se pode esquecer que nesse período as ideias cientificistas ganham mais força e o conhecimento passa a ser visto não apenas como instrumento de uma política, mas uma consequência do gosto pelas ciências e ainda um fator de legitimidade da posse dos territórios coloniais.[21] As obras dos exploradores cada vez mais chamavam a atenção do público e as edições passaram a ser cada vez mais sofisticadas. A origem das principais coleções dos museus antropológicos também data desse período. Parte dessas coleções foi mostrada nas grandes exposições, que recebiam um número de visitante bastante expressivo para a época. "A África, continente geograficamente perto do público europeu, mas totalmente distante no plano da cultura e que ainda trazia a imagem de terra dos escravos, passou a estar presente nesta corrida da mídia da época".[22]

A busca do desconhecido e a apropriação de novos espaços, aliados aos interesses econômicos fizeram com que os viajantes e exploradores atingissem os pontos mais distantes da África, ganhando cada vez mais força a ideia de uma África "intocada" e "virgem". No entanto, essas regiões interioranas não eram inexploradas, conforme declaravam os próprios viajantes. Na verdade, tal afirmação fazia parte de uma estratégia dos próprios exploradores que "se viam como portadores de cultura à África 'virgem'".[23] Beatrix Heintze destaca que "o transporte de mercadorias por carregadores encontrava-se estreitamente ligado ao comércio atlântico de escravos desde tempos imemoriais".[24] O problema é que nesse período um território só deixava de ser considerado "intocado" quando um branco tivesse de fato pisado nele.

---

21 MOURÃO, Fernando Augusto Albuquerque. As duas vertentes do processo no século XIX: Idealismo e Realismo. *I Reunião Internacional de História da África*. Lisboa: Instituto de Investigação Científica Tropical, 1989, p. 37.

22 *Idem*, p. 38.

23 HEINTZE, Beatrix. *Pioneiros Africanos*. Lisboa, Editorial Caminho, 2004, p. 29.

24 *Idem*, p. 30.

HOMENS DE FERRO   103

No século XIX, houve ainda a criação, em várias capitais europeias, das chamadas sociedades de geografia. A de Paris teve início em 1821, a de Berlim, 1828, a de Londres em 1830. Essas instituições passaram a dar suporte e apoio aos estudos geográficos e a patrocinar pesquisas e expedições. E segundo Mourão, as expedições científicas começam a apresentar resultados que ultrapassam o conhecimento empírico dos portugueses. Além disso, o conhecimento do interior que se devia aos pombeiros e sertanejos escasseia e deixa de ser patrocinado diretamente pelas autoridades, que estavam com dificuldades e sem fundos para financiar viagens de exploração.[25]

Maria Emília Madeira Santos afirma que os escritos como os do sertanejo Silva Porto estavam ultrapassados para os objetivos da política internacional da época. Os cientistas iam além das questões comerciais, eles observavam, desenhavam mapas, marcavam coordenadas, faziam tabelas e quadros rigorosos.[26]

É no terceiro quartel do século XIX, que Portugal tenta recuperar a sua posição diante das potências europeias, através das grandes viagens de exploração geográfica e com a criação da Sociedade de Geografia de Lisboa em 1875. Antes disso, as relações que Portugal tinha com o interior estavam mais ligadas ao tráfico, onde o interesse maior estava relacionado ao fornecimento de escravos. Esse comércio estava prioritariamente nas mãos, não de portugueses, mas de africanos e luso-africanos.

A Conferência de Bruxelas, realizada em 1876, parece ter sido determinante para que os portugueses se sentissem pressionados pelos interesses que viam surgir nas outras potências. O discurso de abertura proferido pelo rei Leopoldo, que defendia "abrir para a civilização a única

---

25 MOURÃO, Fernando. As duas vertentes do processo no século XIX: Idealismo e Realismo. *I Reunião Internacional de História da África, op. cit.*, p. 38.

26 SANTOS, Maria Emília Madeira. A Relação Litoral-Interior na Dinâmica da Abertura da África ao Mundo Exterior. *Nos Caminhos de África, op. cit.*, p. 492.

104 JULIANA RIBEIRO DA SILVA

parte do globo ainda infensa a ela"[27], fez com que Portugal percebesse que era imprescindível empreender explorações sensacionais e cuidar de divulgar os seus resultados, ainda mais se lembrarmos que nenhum representante da coroa portuguesa havia sido convidado para o evento.

O evolucionismo de Darwin também teve papel determinante nas mudanças de interesse em relação ao continente africano a partir do XIX: "passou-se a aceitar o princípio de que o homem, através da instrução, poderia certamente melhorar seu papel social".[28] E as sociedades de geografia estavam afinadas com essas ideias. A sociedade de Geografia de Lisboa, por exemplo, "comunga o princípio da indiscutível superioridade das formas ocidentais de civilização – racionalistas, científicas e técnicas".[29]

O desenvolvimento das teorias chamadas científicas, como o evolucionismo social, acaba dando credibilidade ao processo de consolidação das ideias discriminatórias e preconceituosas que ganha força na segunda metade do século XIX. De acordo com Isabel Castro Henriques, se por um lado, nesse período, as relações entre portugueses e africanos se alargam e se banalizam, e as informações sobre a África se tornam mais abundantes, a verdade é que se assiste também a uma espécie de consagração da exclusão do Outro africano. Entretanto, esse percurso de exclusão não é direto e linear, mas contraditório, ambíguo e complexo. E, segundo a autora, podemos nos dar conta dessa complexidade através da leitura dos próprios documentos produzidos pelos viajantes: as características físicas, intelectuais, as práticas culturais e

---

27 HERNANDEZ, Leila Leite. *A África na Sala de Aula*. São Paulo: Selo Negro, 2005, p. 60.

28 MOURÃO, Fernando. As duas vertentes do processo no século XIX: Idealismo e Realismo. *I Reunião Internacional de História da África, op. cit.*, p. 39.

29 *Idem*, p. 44.

HOMENS DE FERRO 105

técnicas são simultaneamente condenadas e elogiadas, muitas vezes pelo mesmo autor.[30] É o que podemos observar em relação aos ferreiros. Esses profissionais e suas habilidades técnicas chamaram a atenção dos exploradores, que sempre ressaltam a importância de seu trabalho. Mas comumente estes mesmos viajantes criticam a manufatura dos objetos produzidos por estes, ou seja, o resultado final. Segundo Isabel de Castro Henriques, esse mecanismo de exclusão/integração, desenvolve-se de maneira mais sistemática a partir do último quartel do século XIX e segundo a autora, pode-se dizer que se até esse período as informações e as descrições fornecidas nos textos portugueses, sempre redutores do Outro, não se inserem num projeto concreto e organizado de domesticação do africano, a partir de cerca de 1875, a tradução do africano em europeu exige ações e práticas que procuram reduzi-lo de forma científica[31].

Juntamente a essa perspectiva científica, na Europa começa a tomar forma o mito de um centro da África rico e de uma fertilidade abundante. Conforme afirma Maria Emilia Madeira Santos,

> A expansão europeia do século XIX realizou-se fundamentalmente por três vias: científica, tecnológica e da exploração econômica. Estes meios resultaram de um processo lento, que iria atingir o seu máximo a partir de 1876. Só no último quartel do século XIX, quando o mundo ocidental se apercebeu da existência de riquezas suceptíveis de se rendibilizarem, é que a área africana que estamos estudando, veio a ser explorada pelo capitalismo europeu. Mas antes disso, a partir da segunda metade do

---

30 HENRIQUES, Isabel Castro. *Presenças Angolanas nos Documentos escritos portugueses*. *Actas do II Seminário Internacional sobre a História de Angola*, *op. cit.*, p. 39.

31 *Idem*, p. 39-40.

106 JULIANA RIBEIRO DA SILVA

século XVIII, já a pesquisa científica dera a conhecer os recursos naturais de África.[32]

No relatório referente ao estabelecimento do Porto de Pinda e da colônia de Moçâmedes, enviado para Portugal pelo secretário do Governo Geral da Província de Angola, datado de 1854, Carlos Possollo de Souza afirma que é necessária a obtenção das mais minuciosas informações sobre essa região, como a natureza do solo, seus rios, riquezas minerais, e inclusive o caráter dos indígenas para que se tomem as providências precisas para o aproveitamento dos recursos que ali se oferecerem.[33]

As riquezas minerais sempre aparecem como uma das preocupações principais nos vários documentos analisados. A possibilidade em explorar minérios de uma maneira mais sistemática passa a ser uma ambição cada vez maior e real de Portugal, após séculos de tentativas fracassadas. Conforme exposto, a exploração sistemática do ferro em Angola foi iniciada no século XVIII, no governo de D. Francisco Inocêncio de Sousa Coutinho, chegando-se a estabelecer uma fábrica de fundição. Porém, um dos motivos para seu fechamento foi o comércio de escravos que dificultou a obtenção de mão-de-obra.[34]

Em 1838, foi publicado um decreto que autorizava o governador geral de Angola a lavrar as minas por conta da Coroa. No entanto, é em 1852 que um decreto determinando o modo como se deviam conceder licenças para a pesquisa e lavra das minas é publicado. A par-

---

32 SANTOS, Maria Emília Madeira. A Relação Litoral-Interior na Dinâmica da Abertura da África ao Mundo Exterior. *Nos Caminhos de África, op. cit.*, p. 488.

33 Documento n. 74. *Angola. Apontamentos sobre a Colonização dos Planaltos e Litoral do Sul de Angola. Documentos, op. cit.*, tomo II, p. 278.

34 REGO, Antonio da Silva. *A Academia Portuguesa da História e o II Centenário da Fábrica de Ferro em Nova Oeiras, Angola. Academia Portuguesa da História. Estudos de História Luso-africana e oriental*. Lisboa, 1994.

HOMENS DE FERRO 107

tir desse período até 1863, mais de setenta jazigos de minerais diversos (sendo o cobre, o predominante) foram registrados.

A partir de então começa a haver uma maior insistência por parte de Portugal no sucesso das explorações das riquezas minerais. A portaria de 1854 sobre a ocupação do Porto de Pinda[35], afirma, por exemplo, que

> Achando-se demonstrada, pela Consulta do Conselho Ultramarino de 13 de Maio do anno próximo passado, a existência de minas de cobre, e de outros metaes nos sertões de África Portugueza ao sul do parallelo de Mossamedes, e bem assim que a extracção d´estes metaes póde vir a ser origem de grandes riquezas, não só para a Província de Angola, como também para as Emprezas, que se ocuparem d´este objecto: e sendo de grande conveniência promover a organisação de taes Emprezas, tem resolvido o Governo de Sua Magestade prestar a maior atenção a este importante objecto; (...).[36]

Essas tentativas, entretanto, na maioria das vezes, falharam. Em 1856, os portugueses conquistaram as famosas minas de cobre de Bembe. Esse esforço de expansão, entretanto, tornou-se um fracasso, pois o minério acabou possuindo preço elevadíssimo, principalmente pela dificuldade de transportá-lo.

Num outro documento, um ofício do Governador Geral de Angola Francisco Joaquim Ferreira do Amaral para o ministro e secretário de Estado dos negócios da Marinha e Ultramar, que contém na íntegra o relatório da viagem que o Padre Antônio Barroso fez às minas

---

35   Provavelmente o documento não se refere ao conhecido Porto de Pinda, situado na foz do rio Congo.

36   Documento n.64. *Angola. Apontamentos sobre a Colonização dos Planaltos e Litoral do Sul de Angola. Documentos, op. cit.*, tomo 2, p. 223.

108 JULIANA RIBEIRO DA SILVA

do Bembe, em 1883, é feito um levantamento minucioso da situação dessa antiga mina. [37] Essa aparentemente inusitada presença de um padre nesse tipo de atividade era bastante recorrente, não apenas no século XIX, mas desde os primeiros tempos da presença portuguesa na região. Muitos religiosos serviram como linha de frente para a penetração colonial.

Num trecho do relatório, Barroso afirma que

> Das minas pouco pude observar, porque a grande quantidade de arvores e capim obstruem completamente a entrada; vi comtudo alguns poços ainda abertos, assegurando-me os indígenas que era fácil a extração do cobre, se tivessem instrumentos adaptados àquelle fim. [38]

O que se observa nesse trecho é novamente a mesma falta de conhecimento técnico dos portugueses, já notada em séculos anteriores. A dependência de informações dos povos locais para a realização das explorações das minas mais uma vez prenunciava o insucesso da exploração.

No terceiro item da Reflexão do Conselho Ultramarino sobre o estabelecimento do porto de Pinda, de 1855, também é ressaltada a necessidade em se contar com a colaboração dos profissionais locais na extração das riquezas minerais:

> Que sendo talvez o paiz dos negros Mucuancallas, situado entre os rios Cunene e Cubango, que se diz conter minas de cobre muito ricas, mais próximo

---

37 Uma das mais importantes tentativas de exploração foram as minas do Bembe, mas os resultados foram decepcionantes. Para mais detalhes ver: ALEXANDRE, Valentim; DIAS, Jill (orgs). *O Império Africano, op. cit.*, p. 72.

38 Documento n. 1- ofício n. 492. Série de 1883. *Angolana. Documentação sobre Angola*. Luanda: Instituto de Investigação Científica de Angola/ Lisboa: Centro de Estudos Históricos Ultramarinos, 1971.p. 9.

HOMENS DE FERRO 109

do porto do Pinda que de Mossamedes, poderia, em tal caso, servir aquelle porto para exportação do minério. Convindo entretanto que o Governador Geral busque fazer com que se estabeleçam relações comerciaes com os ditos povos, e também obter todas as informações relativas áquellas minas; informações que, para poderem servir às pessoas que intentem aproveita-las, elle Governador Geral enviará ao Governo de Vossa Magestade.[39]

A retomada da iniciativa de explorar as riquezas minerais da região centro-africana fez com que as minas que os portugueses tentaram explorar em séculos anteriores sem sucesso voltassem a ser alvo de interesse. Novamente houve a tentativa de exploração delas. As minas de enxofre de Dombe Grande, situadas a 80 Km da atual cidade de Benguela, por exemplo, foram inicialmente exploradas durante o governo de Francisco Inocêncio de Sousa Coutinho. No entanto, depois do regresso de Coutinho para o reino, a exploração parou, ficando esquecida.

No decorrer do ano de 1807, as minas de enxofre voltaram a ser famosas, retomando-se a sua exploração. No entanto, a extração do enxofre teve que ser paralisada inúmeras vezes em decorrência de revoltas das populações da região. A sua exploração foi suspensa definitivamente em 1831, devido aos prejuízos que causava à Real Fazenda. Em 1852, o governo de Benguela tentou mais uma vez a exploração das minas, mas novamente as tentativas falharam.

As explorações das minas de enxofre de Dombe Grande não foram mal-sucedidas apenas devido às dificuldades técnicas dos portugueses. A história de Dombe Grande ficou marcada por uma série de sublevações de povos locais em protesto contra a exploração das mesmas. A relação entre os portugueses e os mundombes, considerada

---

39 Documento n. 73. *Angola. Apontamentos sobre a Colonização dos Planaltos e Litoral do Sul de Angola. Documentos, op. cit.*, tomo II, p. 268-9.

110   JULIANA RIBEIRO DA SILVA

pacífica, começou a se deteriorar a partir de fins do século XVIII, quando Dombe Grande passou a ocupar um lugar de destaque. Devido a suas terras férteis, a região abastecia Benguela com gêneros alimentícios, especialmente farinha de mandioca e gado. Esse comércio era preponderante na alimentação portuguesa no litoral. Cada vez mais, os moradores começaram a se sentir ameaçados com o repentino interesse, e passaram a atacar tanto os europeus quanto as caravanas que por lá circulavam.

A saída encontrada pelos portugueses foi a construção de um forte em 1847, marcando a ocupação efetiva de Dombe Grande, apesar deles não possuírem uma estratégia planejada. Outro fator que contribuiu para a instabilidade foi a substituição de sobas eleitos segundo as tradições e a nomeação de outros que estivessem a favor das autoridades portuguesas. No entanto, muitas vezes eram esses mesmos sobas que incitavam seus súditos à revolta, não cumprindo com o acordo firmado, como foi caso do soba D. Luiz de Camões, que, nomeado em 1847, deu grande trabalho ao governo português, ao incitar o povo a fazer rebeliões. Camões foi deposto apenas em 1852.[40]

O fiasco da exploração das minas de Dombe Grande não foi uma exceção. No capítulo anterior ficou claro que as dificuldades de exploração das minas africanas perpassaram todos os séculos de contato entre europeus e africanos. No século XIX não foi muito diferente. Mesmo com o aumento das pesquisas ditas "científicas" voltadas para a África, os portugueses foram mal-sucedidos em sua exploração. Dessa forma, assim como ocorreu em outros séculos, um dos fatores responsáveis pelo insucesso foi a pressão exercida pelos africanos, impedindo o pleno controle desses locais.

---

40   Para mais detalhes ver: APARÍCIO, Maria Alexandra. Política de boa vizinhança: os chefes locais e os europeus em meados do século XIX. O caso de Dombe Grande. II RIHA, *op. cit.*

HOMENS DE FERRO 111

A hostilidade dos africanos frente às tentativas de dominação das minas, que perpassou todo o século XIX, aliada à falta de conhecimento técnico fez com que os portugueses se direcionassem para o comércio chamado legítimo. Esse tipo de comércio, que também foi marcado por tensões, além de ter atingido grandes proporções, exigiu uma ampla participação dos africanos.

O comércio lícito e de longa distância

As inúmeras tentativas de explorar de maneira ampla o continente africano a partir do século XIX não tiveram o sucesso esperado por Portugal. Os investimentos empregados em pesquisas científicas para a exploração das riquezas naturais existentes no continente africano não trouxeram o retorno desejado pelos portugueses.

No entanto, no século XIX, os portugueses ampliaram o acesso às áreas longínquas da costa centro-africana, o que possibilitou não apenas um conhecimento mais detalhado das suas possessões, mas também uma ampliação das redes comerciais, que passaram a atingir áreas interioranas antes desconhecidas dos portugueses.

O comércio lícito realizado por europeus não é uma exclusividade do século XIX, ele sempre existiu concomitantemente com o comércio de escravos. Muitas vezes, o transporte dessas mercadorias acompanhava as próprias caravanas de escravos, que vinham do interior. No entanto, em Angola, esse tipo de comércio dependia do tráfico negreiro e era muito difícil aos comerciantes que não faziam parte dessas redes de tráfico de escravos participar do comércio legal.[41]

A grande diferença no século XIX é que o comércio legal passa a existir independentemente do tráfico de escravos e atinge proporções não antes conhecidas. Esse desenvolvimento comercial, no

---

41   BETHENCOURT, Francisco; CHAUDHURI, Kirti (orgs). *História da Expansão Portuguesa, op. cit.*, vol. IV, p. 237

112 JULIANA RIBEIRO DA SILVA

entanto, só foi possível porque as redes comerciais sempre fizeram parte da dinâmica das sociedades africanas, inclusive o comércio de longa distância.

Para Jan Vansina, é possível distinguir três tipos de comércio realizados pelos africanos na África central. O primeiro seria o comércio local de aldeia para aldeia. Os produtos trocados, de acordo com o autor, seriam geralmente produtos das indústrias locais. Essas trocas eram realizadas quando algumas aldeias possuíam matérias-primas que não estavam disponíveis em outras. O segundo tipo de comércio era o que precisava percorrer maiores distâncias. Era realizado entre povos culturalmente distintos, mas subordinados a um mesmo Estado ou entre povos vizinhos. As transações eram realizadas nos mercados localizados nas regiões fronteiriças desses povos, ou na capital do Estado. Os produtos trocados iam desde alimentos, artigos das indústrias locais e também europeus. O terceiro tipo de comércio era o de longa distância, segundo o autor, desconhecido na África central até a chegada dos europeus no século XV. Consistia, principalmente, da troca de produtos europeus, como vestimentas, contas e vinhos, por escravos, marfim, cobre, entre outros.[42]

No que diz respeito ao comércio de longa distância, Isabel Castro Henriques discorda enfaticamente de Vansina. A autora defende que existem provas que os africanos organizavam comércio de longa distância muito antes do contato com os europeus na costa ocidental. Isabel Castro Henriques argumenta ainda que foi o comércio de longa distância, constituído pelos africanos, que criou as condições, tanto técnicas quanto ideológicas, que permitiu a integração e generalização do comércio proposto pelos europeus.

O segundo ponto fraco de Vansina, conforme afirma a autora, reside no fato de associar o comércio de longa distância aos quilômetros

---

42 VANSINA, Jan. Long-Distance Trade-routes in Central Africa. *The Journal of African History*, Vol.3, No 3. (1962).

HOMENS DE FERRO 113

percorridos. Segundo ela, seria necessário considerar o tempo utilizado para realizar as operações comerciais e não simplesmente a distância percorrida.[43]

Um dado interessante é que os próprios exploradores que tiveram um contato mais próximo com esses povos reconhecem a existência antiga do comércio de longa distância na África central. Nesse comércio não eram apenas trocadas mercadorias. Ivens e Capelo, por exemplo, observaram que os bienos "têm transportado usos e costumes de povos distantes, formando assim uma amálgama bastante original".[44]

Beatrix Heintze[45] confirma que as transformações de âmbito cultural provocadas diretamente pelo intercâmbio de relações locais e supra-regionais existiram desde sempre, como se pode verificar pelos achados arqueológicos encontrados na África central. Contudo, no século XIX, houve uma aceleração e uma intensificação desses processos.

A existência de caminhos abertos desde longa data evidencia, portanto, esse hábito local de circular. E, pode-se afirmar que, mesmo com a intensificação do contato dos portugueses com o interior, os caminhos utilizados por estes eram aqueles já abertos anteriormente por membros das populações africanas.

Isabel de Castro Henriques lembra ainda que as transformações advindas do acirramento do comércio legal e consequentemente a maior penetração nas áreas interioranas da África central devem ser analisadas levando em consideração dois pontos importantes: o primeiro é que este comércio "legítimo", resultado das novas opções econômicas europeias, não fazia mais do que reforçar as correntes de trocas que sempre tinham acompanhado o comércio negreiro. E o segundo é que esta operação tor-

---

43 HENRIQUES, Isabel Castro. *Percursos da Modernidade em Angola, op. cit.,* p. 381.

44 IVENS, R; CAPELO, H. *De Benguela às Terras de Iaca, op. cit.,* p. 110.

45 HEINTZE, Beatrix. *Pioneiros Africanos, op. cit.,* p. 385.

114 JULIANA RIBEIRO DA SILVA

nou ainda mais visíveis as escolhas comerciais que tinham sido organizadas pelos africanos, para realizar operações exclusivamente inter-africanas.

Jill Dias também argumenta que as sociedades africanas nunca foram entidades culturais separadas ou fechadas, mas grupos ʕ ciais abertos e interativos. Portanto, a facilidade de moviment ʕ ʕr na savana quer nas margens da floresta mais a leste, favoreceu muitas correntes migratórias em resposta às oportunidades fornecidas pelo comércio, pela proteção política ou pelas alianças matrimoniais. A antiguidade das redes de comércio que cruzavam todo o território angolano é confirmada pelos dados arqueológicos existentes. Essas redes serviam de elo entre as diversas populações, e baseavam-se, sobretudo, nos depósitos de sal e de minérios de ferro e cobre, "sendo desenvolvidas em volta das concentrações destes minerais e também nas zonas ecológicas de transição que favoreciam a troca de produtos regionais especializados e complementares".[46]

Discordâncias à parte, o fato é que o comércio de longa distância exigiu uma participação ativa das populações africanas, que ao longo do século passaram a se mobilizar cada vez mais para se integrarem nessas redes comerciais a fim de obterem vantagens econômicas e políticas. Nas áreas de contato entre as culturas europeias e africanas, houve a instalação de uma "fronteira flexível", cujo movimento é marcado pelas variações de pressão exercidas nas duas direções. O impacto europeu sobre as áreas africanas é certamente superior ao movimento contrário, mas este também existe,

---

46 DIAS, Jill R. Estereótipos e Realidades sociais: Quem eram os ambaquistas? *ACTAS do II Seminário Internacional sobre História de Angola*. Luanda, Comissão Nacional para as Comemorações dos Descobrimentos portugueses: 1997, p. 601.

muitas vezes, de forma bem determinante, através da resistência, da participação e iniciativa.[47]

A integração das sociedades nessas redes de comércio de longa distância trouxe, entretanto, muitas transformações para os povos locais. Durante o século XIX, as sociedades mbundu da região interiorana de Luanda, por exemplo, sofreram inúmeras modificações em decorrência das demandas comerciais vindas dos portugueses e da expansão colonial. Os mbundu inicialmente estavam envolvidos no comércio de escravos, mas a partir de 1840, principalmente, a região habitada por eles continuou a ser um importante corredor para o escoamento de mercadorias como cera, marfim e, mais tarde, a borracha, alcançando os mercados de Luanda ou Ambriz.

De acordo com Jill Dias, no caso dos mbundu, é possível distinguir duas fases. A primeira fase, iniciada em 1840 e finalizada em 1870, é marcada pela intervenção portuguesa no interior de Angola, mas com uma ausência de capital e uma fraca presença militar. Esse período é caracterizado pelo crescimento da atividade comercial dos mbundu em resposta a uma demanda internacional por uma variedade de produtos. Esse crescimento acabou beneficiando muitas autoridades políticas mbundu que passaram a controlar não apenas os recursos da terra, mas as populações e as rotas comerciais, permitindo-lhes a exploração de novas oportunidades, como a coleta de tributos e pedágios. Já a segunda fase, ocorrida a partir de 1870, é marcada por uma vigorosa fase de expansão colonial, intensificando os conflitos nos territórios mbundu.[48]

Os primeiros momentos do comércio legal não favoreceram apenas os chefes mbundu, sobas de diferentes procedências também soube-

---

47 SANTOS, Maria Emília Madeira. A Relação Litoral-Interior na Dinâmica da Abertura da África ao Mundo Exterior. *Nos Caminhos de África, op. cit.*, p. 431.

48 DIAS, Jill R. Changing Patterns of power in the Luanda Hinterland. *Paideuma, op. cit.*, p. 285.

116 JULIANA RIBEIRO DA SILVA

ram aproveitar as novas oportunidades. Jill Dias relata, por exemplo, que "com a expansão do volume do comércio de produtos agrícolas, os sobas de toda a região do Kwanza também fizeram grandes lucros na intercepção e imposição de impostos a esse comércio, rendimentos esses que reforçaram o seu poder".[49]

As relações comerciais estabelecidas entre portugueses e africanos nesse momento eram tão extensas e complexas que, muitas vezes, contavam com a intermediação de outros africanos, de diferentes procedências. Na interação comercial entre portugueses e mbundu, por exemplo, havia a participação dos mubire, procedentes de Loango. Segundo Jill Dias, esses povos eram conhecidos por serem comerciantes e ótimos ferreiros. No período anterior ao século XIX, eles eram intermediários no comércio de escravos entre os reinos de Matamba e Kasanje e entre a costa Atlântica e o norte de Luanda e, a partir do século XIX, eles eram comumente vistos circulando pela região de Angola vendendo seus produtos de ferro.[50]

Além da complexidade das redes comerciais, é possível afirmar que durante grande parte do século XIX, a organização dessas redes era dominada pelos africanos. Jill Dias afirma que até 1875 os brancos, que não possuíam o suporte do governo de Luanda, não tinham força para controlar o comércio realizado no interior.[51]

A impossibilidade de controlar o comércio e a necessidade de contar com intermediários para a realização das transações comerciais fizeram com que, no século XIX, ocorresse também a emergência dos chamados ambaquistas. Segundo Jill Dias,

---

49 DIAS, Jill. Relações econômicas e de poder no interior de Luanda, c.1850-1875. *I Reunião Internacional de História da África, op. cit.*, p. 253.

50 Para mais detalhes ver: DIAS, Jill R. Changing Patterns of power in the Luanda Hinterland. Paideuma, *op. cit.*, p. 287.

51 *Idem*, p. 293.

HOMENS DE FERRO 117

foi a própria expansão das redes comerciais que levavam as importações europeias para o interior de Angola que estimulou o aparecimento de novas identidades culturais ou políticas, em articulação com a presença portuguesa e o comércio internacional. Entre elas destacaram-se os diferentes agrupamentos e comunidades que cresceram em redor dos postos fortificados e das povoações coloniais perto dos rios Bengo, Cuanza e Lucala, para além de Caconda, no *hinterland* de Benguela, as quais falavam português e se identificavam como cristãos. Um dos mais afamados desses agrupamentos eram os chamados "ambaquistas" que surgiram no interior de Luanda onde a influência portuguesa era mais antiga, contínua e intensa".[52]

As origens de Ambaca remontam à construção, em 1617, de um presídio português no local de mesmo nome, que foi um importante centro de tráfico de escravos. Ambaca era ainda uma região altamente estratégica, onde havia grande atividade comercial e escravista. Durante o século XVIII, Ambaca chegou a alcançar uma posição de destaque no comércio colonial com o interior angolano. Foi certamente por causa dessa localização privilegiada que no século XIX os ambaquistas criaram novas iniciativas comercias "que os tornaram cada vez mais visíveis como portadores de uma identidade cultural distinta".[53]

Beatrix Heintze afirma que era através das casas comerciais estabelecidas no litoral e dos postos situados no sertão que as mercadorias importadas chegavam ao interior. Eram, no entanto, os ambaquis-

---

52 DIAS, Jill R. Estereótipos e Realidades sociais: Quem eram os ambaquistas? *ACTAS do II Seminário Internacional sobre História de Angola, op. cit.*, p. 604.

53 *Idem*, p. 610.

118   JULIANA RIBEIRO DA SILVA

tas que realmente efetuavam as viagens em caravanas aos territórios distantes e também os que inauguravam novas rotas.[54]

Os ambaquistas conseguiram tirar muito proveito das oportunidades comerciais criadas a partir do século XIX, como a subida dos preços do marfim, da cera de abelha e de produtos agrícolas. Assim como os mubire, os ambaquistas eram também conhecidos como ótimos artesãos, inclusive ferreiros e sabiam tirar proveito disso. As suas produções artesanais eram trocadas por tecidos importados que eram levados para o sertão e permutados por produtos como a cera, que por sua vez eram vendidos em Luanda.

Devido a essa expressiva produção, nem todos os ambaquistas viajavam, muitos se dedicavam exclusivamente à agricultura e às atividades artesanais. Beatrix Heinze relata o caso de Lourenço Bezerra, um ambaquista que só raramente viajava. Segundo a autora, Bezerra cultivava couve, cebolas, feijão, tomate, entre outros víveres. Na área onde Bezerra vivia havia uma intensa produção artesanal, teciam-se panos, faziam camisas, casacos, coletes, colheres, fechaduras de porta, machados, enxadas de ferro, entre outros produtos manufaturados.[55]

Heinze ressalta ainda que mesmo os ambaquistas que detinham posições mais elevadas não se coibiam de trabalhar, por exemplo, como alfaiates ou ferreiros. Paralelamente aos dois ofícios mencionados, os ambaquistas dedicavam-se a muitos outros ofícios, como o de sapateiros, carpinteiros e fabricantes de selas.

O século XIX foi certamente muito vantajoso para aqueles que desenvolviam algum ofício artesanal ou trabalhavam diretamente com os produtos mais solicitados pelos europeus. Os ferreiros e coletores de cera tiveram certamente um papel diferenciado nesse momento. Os caçadores de elefantes, por exemplo, passaram a ser

---

54   HEINTZE, Beatrix. *Pioneiros Africanos, op. cit.*, p. 231.

55   *Idem*, p. 88.

HOMENS DE FERRO   119

muito solicitados, principalmente a partir de 1834, com a extinção do monopólio real do marfim, que provocou uma rápida subida de preços e fez com que o marfim se tornasse em pouco tempo o mais importante artigo de exportação colonial. Mais adiante essa questão será mais bem explorada.

A partir do século XIX, por exemplo, há uma intensificação da produção de ferro em várias regiões de Angola. No mercado de Kalunguembo, entre Ambaca e Luanda, os ferreiros itinerantes mubire produziam facas e outras ferramentas para serem vendidas aos comerciantes. Em Kazengu, enxadas de ferro eram trocadas pelo sal de Kisama e ainda eram vendidas diretamente para pessoas situadas além do rio Kangop.[56]

Esses produtos de ferro e outros metais eram também vendidos para os portugueses, já que eles próprios não conseguiram explorar as minas existentes na região centro-africana de maneira sistematizada. Num relato de 1824, de autoria de Bowdich, constatou-se, por exemplo, que o cobre que chegava a Kasanje era fornecido pelos lundas, enquanto que o cobre que os cassange vendiam aos portugueses provinham de Moolooa.[57]

Dificilmente são encontradas, nos documentos do período, informações sobre a exploração de alguma mina pelos portugueses. Assim, se esses metais, como o ferro, eram vendidos pelos africanos, e não explorados pelos próprios portugueses, é possível afirmar que mais uma vez os detentores do ofício conseguiram tirar muitas vantagens econômicas nesse período. Não é, portanto, mera coincidência que nesse momento houve um rigor maior no controle da produção de ferro por parte dos sobas, conforme exposto no capítulo anterior.

---

56 Para mais informações ver: DIAS, Jill R. Changing patterns of power in the Luanda hinterland. Paideuma, *op. cit.*, p. 296-7.

57 HENRIQUES, Isabel Castro. *Percursos da Modernidade em Angola, op. cit.*, p. 388.

As informações contidas na tabela abaixo oferecem uma ideia da quantidade de metais africanos destinados a Portugal, durante o século XIX.

Tabela: Importações de metais dos domínios africanos (em milhares de réis)

Anos	Metais
1842	1.578
1848	489
1851	37.542
1855	3 712
1861	127.871
1865	23.011
1870	21.731
1875	15.836
1880	14.133
1885	6.116

Fonte: *Mapas gerais do Comércio de Portugal com os Domínios Ultramarinos e as Nações Estrangeiras*. In: BETHENCOURT, Francisco, CHAUDHURI, Kirti (orgs). *História da Expansão Portuguesa*, *op. cit.*, vol IV, p. 248.

É possível perceber que 1861 foi o ano em que Portugal mais importou metal da África, sendo que os anos seguintes assistiram a uma queda constante. Essas quedas podem ter sido influenciadas pela entrada, no continente africano, de produtos de metal muito mais baratos que os produzidos localmente em fins do século XIX, desestimulando a produção local.

Jill Dias aponta que, de fato, os ganhos em riqueza e posição social da minoria dos fazendeiros comerciais e famílias ambaquistas que habitavam o território português nos anos de 1870 não duraram muito. Enquanto o comércio "legítimo" com os países recentemente industrializados do norte da Europa crescia, os seus aumentos anteriores de

HOMENS DE FERRO 121

produtividade decaíam. Os benefícios materiais decorrentes de suprimentos importados mais baratos e em maior quantidade ocorridos no segundo terço do século passaram para segundo plano devido ao impacto destrutivo que as importações tiveram sobre a indústria local: as grandes quantidades de produtos de algodão de Manchester importados para Angola por Ambriz e pelo rio Congo rapidamente saturaram o mercado interno após 1850, depreciando os preços de tecidos produzidos localmente e causando declínio da manufatura dos mbundu. De forma semelhante, os navios a vapor que passaram a subir o Kwanza permitiram que implementos de ferro fossem vendidos no interior com preços mais baixos do que aqueles feitos em África, contribuindo para o declínio da produção de ferro mbundu por volta dos anos de 1870.[58]

Isabel Castro Henriques complementa que uma das causas da decadência da produção artesanal local está ligada ao fato das sociedades africanas nunca terem hesitado em abandonar as suas técnicas e substituírem os produtos locais por mercadorias importadas. De acordo com a autora, "renunciando muitas vezes à sua autonomia artesanal, os africanos parecem aceitar uma inferioridade tecnológica, que se exprime por meio dos circuitos comerciais".[59]

As fontes mostram que não é possível concordar com a afirmação de Isabel Castro Henriques, pois ao contrário do que a autora afirma, havia muitas vezes a rejeição por parte dos africanos, pelas matérias-primas estrangeiras como o ferro e também por produtos importados. Portanto não é possível generalizar. O que de fato aconteceu foi a entrada, principalmente em fins do século XIX, de produtos industrializados com preços baixíssimos, como as enxadas de ferro, tornando impossível a competição com aqueles produzidos localmente e numa menor quantidade.

---

58 Dias, Jill R. Changing patterns of power in the Luanda hinterland. Paideuma, *op. cit.*, p. 304.

59 Henriques, Isabel Castro. *Percursos da Modernidade em Angola, op. cit.*, p. 469.

122 JULIANA RIBEIRO DA SILVA

Joseph Miller aponta que os artigos produzidos pela indústria local que mantinham vantagem tecnológica e de preço, especialmente a metalurgia do ferro na África centro-ocidental, mas também tabaco, pigmentos e alimentos, encontravam pouca concorrência daqueles produzidos na Europa.[60] Ou seja, enquanto os preços dos artigos de ferro produzidos localmente conseguiam competir com os estrangeiros, os africanos optavam pelos produtos nativos.

O autor afirma ainda que

> Apesar dos africanos da embocadura do rio Zaire venderem apenas uma pequena quantidade de ferro aos europeus, eles ocasionalmente compravam lingotes de ferro bruto. O ferro parece ter tido uma maior aceitação nos portos mais ao norte, particularmente no final do século XVIII, quando as rotas de comércio do interior de Loango começaram a abastecer a região média do Zaire. Os solos argilosos da bacia equatoriana central podem ter sido menos abundantemente abastecidos com ferro do que os planaltos do sul, mesmo assim a alta qualidade do ferro fundido nas altas temperaturas alcançadas naquela área, com o carvão de madeiras duras existentes na floresta, ainda mantiveram em níveis mínimos a dependência da importação.[61]

É preciso lembrar também que durante muito tempo os portugueses tiveram uma grande preocupação em selecionar as mercadorias com maior aceitação por parte das populações africanas. A própria Isabel Castro Henriques afirma que o comércio de longa distância não podia

---

60 MILLER, Joseph. *Way of Death, op. cit.*, p. 79.

61 *Idem*, p. 85.

HOMENS DE FERRO **123**

ser levado a cabo sem uma espécie de estudo de mercados.[62] Isto é, a imposição de mercadorias não funcionava no trato com os africanos.

É a partir de 1840 que os africanos passaram a ser, cada vez mais, forçados a incorporar as mercadorias e os produtos europeus. Mas os efeitos da presença europeia eram muitas vezes sutis. Os comerciantes portugueses iam aos poucos inserindo novas ideias e mercadorias no contexto africano, como sapatos e armas de fogo, além de produtos que entravam em competição com as produções artesanais locais como tecidos, bebidas alcoólicas e objetos de ferro.

Muitas vezes, no entanto, o uso desses objetos adquiria um sentido local, bastante diferente do sentido dado pelos europeus. A questão das armas de fogo, que será discutida no próximo capítulo, é um exemplo importante dessa capacidade de articulação e adaptação desses povos diante das novidades. Só para adiantarmos, a arma de fogo em território africano acabou transcendendo a sua utilidade prática: ela passou a ser moeda de troca, insígnia de poder e exigiu que os especialistas, no caso os ferreiros, aprendessem as técnicas para seu conserto e fabricação. Ou seja, em muitas situações o elemento "novo", como o caso da arma de fogo, foi adaptado aos interesses locais e ainda passou a reforçar valores tradicionais.

Por isso, Alfredo Margarido afirma que a integração dos europeus nas redes comerciais não foi suficiente para retirar a hegemonia dos africanos no que diz respeito às maneiras de comercializar. Quanto às moedas, por exemplo, Margarido aponta que os europeus tiveram que se submeter durante muitos séculos às moedas locais, ou seja,

> O capitalismo português nascente viu-se constantemente forçado a proceder a operações de troca, renunciando à moeda, para se servir das mercadorias preferenciais. É evidente que semelhantes operações,

---

62 HENRIQUES, Isabel Castro. *Percursos da Modernidade em Angola, op. cit.*, p. 390.

124 JULIANA RIBEIRO DA SILVA

> que se furtavam às regras da lógica comercial europeia, nem sempre facilitavam as trocas, tal como não simplificavam a organização das contabilidades.[63]

Para o autor, essa medida adotada pelos africanos não se tratava apenas de uma ausência de um "espírito" capitalista, o fato é que "a transição das moedas africanas para as moedas europeias ou similares não representava apenas uma alteração técnica, devendo antes ser compreendida como uma renúncia às formas de organização africana".[64] As crises políticas locais, como as relacionadas à sucessão também interferiam no comércio. Margarido aponta que num documento enviado para Lisboa em 1839, salienta-se a decisão tomada pelos macotas do Jaga, de suspender o comércio com os feirantes brancos, em virtude de ter falecido o Jaga anterior. Esta morte exigia que se deixassem passar pelo menos dois anos para enviarem o que tinha sido prometido aos comerciantes de Luanda. Isto é, em nome de um ritual tradicional, toda a atividade comercial ficou suspensa durante um período considerável, o que acabou comprometendo a estabilidade financeira dos comerciantes da região.[65]

Não era só na ocasião da morte de um chefe que as relações comerciais ficavam prejudicadas. Detentores do poder político, além de fazerem a intermediação entre o mundo terreno e o invisível, os chefes tinham poder de decisão sobre a permissão de passagem e a cobrança de pedágios e impostos. No caso dos mbundu ficou claro que a integração dos sobas nas redes comerciais aumentou o seu poder, o que acabou se refletindo na cobrança de taxas e pedágios.

---

63   MARGARIDO, Alfredo. Algumas formas de Hegemonia Africana nas relações com os europeus. *I Reunião Internacional de História da África*. Lisboa, Instituto de Investigação científica e Tropical: 1989, p. 389.

64   *Idem*, p. 390.

65   *Idem*, p. 395.

Viajantes, como os já mencionados Ivens e Capelo, em várias passagens de seus relatos deixaram explícita a necessidade de negociação para que suas viagens seguissem sem problemas. Os dois exploradores chegaram mesmo a afirmar que "é triste viajar no sertão quando se depende da proteção dos sobas".[66] Numa outra passagem desse mesmo relato, um diálogo entre um soba e um dos exploradores nas proximidades do rio Cuango mostra ainda a grande desconfiança do primeiro em relação aos possíveis interesses do segundo no território de seu domínio.

> - T'chin-delle, andas a viajar?
> - Sim.
> - Vens do Calunga?
> -Venho.
> -Onde está o marfim e a cera que compraste?
> - Em nenhuma parte.
> - Compras então gente?
> - Menos ainda.
> -E isto? – disse, mostrando-nos uma bola de borracha.
> - Não.[67]

A resposta do soba, segundo Ivens e Capelo, foi uma gargalhada. "Ao herói causava espanto a circunstância de andarmos a percorrer as suas terras, só para ocu-tala (ver) e ocu- soneca (escrever)".[68]

É interessante perceber que mesmo em 1877, alguns sobas ainda detinham o controle sobre as pessoas que adentravam seus territórios. Além disso, ficou claro que nesse período, o comércio sem a autorização local era claramente visto como uma ameaça. Se não tinham o poder de

---

66 IVENS, R; CAPELO, H. *De Benguela às Terras de Iaca, op. cit.*, p. 88.

67 *Idem*, p. 208. T'chin-delle quer dizer branco, conforme os exploradores.

68 *Idem*.

126 JULIANA RIBEIRO DA SILVA

controlar os produtos comercializados, esses chefes controlavam, pelo menos, a vigilância sobre o que cruzava as terras de seus domínios.

Ou seja, os exploradores e comerciantes precisavam contar com a boa vontade dos sobas para conseguirem alimento, carregadores, entre outros fatores indispensáveis à sua atividade. Tudo dependia de uma negociação geralmente conflituosa. No Bié, numa negociação com um soba para a obtenção de carregadores e um guia que conduzisse Ivens e Capelo até as cabeceiras do Cuango e Kassai, foram oferecidas "2 peças de algodão, 2 de riscado, 2 de zuarte, 1 de lenços, missangas variadas, 1 farda, 1 espingarda, 1 umbela, 1 jumento e algumas garrafas de bebidas alcoólicas".[69]

As caravanas de carregadores, aliás, eram outro problema bastante frequente que os portugueses enfrentavam e que acabavam prejudicando as redes comerciais. Enquanto os escravos podiam caminhar por si próprios para o local de destino, as mercadorias exigiam um número cada vez maior de carregadores. Os carregadores africanos, no entanto, faziam imposições que muitas vezes não eram aceitas pelos europeus. Muitos carregadores só queriam percorrer distâncias curtas ou regiões já conhecidas. Os carregadores do litoral raramente iam para o interior e vice-versa, exceto quando havia interesses pessoais envolvidos. Assim, aqueles que procuravam carregadores para percorrer todo o percurso tinham que despender tempo e paciência.

Muitas vezes, o problema estava relacionado às exigências salariais dos carregadores. Na maioria dos casos, eles recebiam um salário fixo, mas também podiam optar pelo pagamento em tecidos ou outros artigos, como miçangas. Num momento de sua viagem, Serpa Pinto conseguiu arranjar carregadores que aceitavam o pagamento somente em tecidos de algodão branco, que ele não possuía.[70] A irredutibilidade dos carregadores acabou provocando grandes atrasos em sua viagem.

---

69   IVENS, R; CAPELO, H. *De Benguela às Terras de Iaca*, *op. cit.*, p. 119.

70   HEINTZE, Beatrix. *Pioneiros Africanos*, *op. cit.*, p. 289.

HOMENS DE FERRO 127

Assim como Alfredo Margarido, Colleen Kriger afirma que apesar do século XIX ter sido tumultuado para a África central ele não foi catastrófico. Houve uma expansão econômica generalizada, uma intensificação das mudanças e uma insegurança esporádica, mas a sociedade não foi reordenada, nem seus valores culturais básicos fundamentalmente desafiados ou ameaçados. Ferreiros puderam manter seu ofício tradicional, pois o crescimento da riqueza significou o florescimento e crescimento da demanda por produtos de ferro.[71]

A aparente contradição existente entre maior presença estrangeira e aumento do poder local, inclusive de tomar decisões, está ligada à fraqueza militar e administrativa do governo português, além da falta de recursos a serem ali investidos. Dessa forma, Portugal dependia fortemente da colaboração e boa vontade dos nativos, chegando muitas vezes a fechar os olhos para muitos dos possíveis abusos cometidos por esses.

Ficou claro, no entanto, que a ausência de controle por parte das autoridades coloniais não significou a interrupção do comércio de longa distância. O diálogo e a negociação foram sempre necessários. "Nesse caso, as sociedades africanas tinham um importante papel ao acolher nos seus territórios homens isolados que lhes asseguravam a ligação com o mundo exterior, mas que não representavam a soberania colonial".[72]

Não há um consenso por parte dos estudiosos sobre o momento exato em que os africanos perdem realmente a hegemonia. Maria Emília Madeira Santos afirma, por exemplo, que

> A colonização portuguesa não tinha capacidades financeiras, técnicas e humanas para pôr em funcionamento os mecanismos capazes de submeterem os regimes autóctones pré-coloniais

---

71 KRIGER, Colleen. *Pride of Men, op. cit.*, p. 48.

72 SANTOS, Maria Emília Madeira. A Relação Litoral-Interior na Dinâmica da Abertura da África ao Mundo Exterior. *Nos Caminhos de África, op. cit.*, p. 439.

128   JULIANA RIBEIRO DA SILVA

> e reordenarem a sociedade com novos modelos. Pelo contrário, até o último quartel do século XIX, a interpenetração de grupos sociais resultou numa adaptação da primeira geração, constituída por pequenos contingentes de portugueses: degredados, soldados e colonos. Seguia-se a mestiçagem e a progressiva assimilação dos filhos nascidos em África, por parte das sociedades africanas que os integravam. As relações de força alteram-se pontualmente a partir de meados do século e, sistematicamente, a partir de 1885, porque só nesta data os meios postos ao serviço da colonização portuguesa se aproximam do modelo internacional.[73]

Independente da discussão sobre o momento em que as sociedades africanas perderam autonomia, a longo prazo, a intensificação da presença europeia não beneficiou as sociedades africanas. A perda de autonomia dessas sociedades foi se tornando cada vez mais crescente.[74]

O artigo de Jill Dias sobre o sobado chamado Kabuku Kambilu[75] no Dondo, o mais poderoso da zona de ocupação portuguesa a norte do Cuanza, ressalta tal aspecto. Altamente influente no início do século XIX, principalmente por servir de importante entreposto do comércio europeu com o interior, esse sobado assistiu, principalmente a partir da década de oitenta, a uma forte pressão dos colonos brancos. Aos poucos, as terras que anteriormente eram cultivadas por agricultores africanos foram passando para as mãos desses europeus. Além disso, a partir desse período houve a

---

73   *Idem*, p. 432.

74   Para mais detalhes consultar: HEINTZE, Beatrix. *Pioneiros Africanos, op. cit.* Principalmente o capítulo 5 da terceira parte.

75   DIAS, Jill R. O Kabuku Kambilu (c.1850-1900): uma identidade política ambígua. *Actas do Seminário Encontro de Povos e Culturas em Angola.* Luanda, Comissão Nacional para as Comemorações dos Descobrimentos portugueses, 1995.

HOMENS DE FERRO 129

implementação de uma política colonial mais forte, que culminou no enfraquecimento geral do sobado em 1890.

O aumento de prestígio e da solicitação de vários chefes e especialistas como os ferreiros nesse momento histórico deve ser enxergado dentro de uma relação de interdependência, que tendia cada vez mais para uma posição de dependência do africano em relação ao europeu e não vice-versa. A adoção de novas técnicas e novas maneiras de comercializar inicialmente promoveu um processo de revitalização das próprias sociedades africanas. De qualquer forma, os africanos pareciam não perceber que a incorporação de novas técnicas e novas formas de comercializar produtos não assegurava a sua autonomia. Conforme observa Isabel Castro Henriques,

> Os africanos pretendem manter o que lhes parece ser a sua hegemonia, sem dispor dos meios necessários para se dar conta de que tinham entrado numa zona de dependência que só podia ir aumentando. Ao aceitar modificar as listas das produções e as formas de comercialização os africanos não entravam em choque com os europeus, pois não faziam mais do que integrar-se no projecto que lhes era proposto. É por essa razão que não podemos sugerir sequer a existência de uma contradição, pois se trata de uma situação caracterizada pela progressiva amputação da hegemonia conservada pelas sociedades africanas.[76]

Ou seja, muitos africanos se beneficiaram dessa nova situação, tendo seu papel ou ofício valorizado. O século XIX foi especialmente produtivo para os ferreiros, como será visto no próximo capítulo, e os motivos que faziam os africanos optarem por artigos de ferro produzidos localmente iam além dos econômicos.

---

76 *Idem*, p. 397.

130 JULIANA RIBEIRO DA SILVA

No entanto, a intensificação do processo de industrialização dos países europeus em fins do século XIX e, consequentemente, o barateamento dos produtos, inclusive os de ferro, fez com que chegasse um momento em que a produção local não conseguia mais se manter da mesma forma. Os ferreiros fundidores passaram a ter cada vez mais dificuldade em manter o seu ofício enquanto os ferreiros forjadores continuaram tendo oportunidade de trabalhar, inclusive por causa dos produtos de ferro que passaram a entrar no continente de maneira mais constante, através do seu conserto ou manutenção.

É realmente difícil pontuar o momento exato quando esses profissionais perderam a sua hegemonia, mas ela certamente se deu ainda no século XIX. Esse período, aliás, foi capaz de promover o apogeu e o declínio de muitas sociedades africanas.

No próximo capítulo o enfoque será dado à atuação dos ferreiros frente às inúmeras transformações vividas na região da África central no século XIX.

Capítulo III

Zagourski Postcard Collection.
Manuscripst & Archives, Yale University

Homens de ferro

É sabido que o século XIX foi um período de muitas transformações na vida dos ferreiros da África central. Entretanto, antes de compreender a atuação desses profissionais frente a essas modificações, é preciso analisar os aspectos que envolviam e organizavam o ofício do ferreiro desde longa data. Diferentemente do primeiro capítulo, que focou mais nos aspectos ligados à própria figura do ferreiro, esse capítulo enfatizará os elementos que envolviam o trabalho em si.

Em toda a África, os ofícios que lidam com a transformação da natureza têm um status diferenciado e possuem formas de organização compatíveis com essa especificidade. É possível afirmar que ser ferreiro na África central é, muito mais do que uma profissão, um estilo de vida, ou seja, um modo de ser e viver bastante peculiar. Por isso, o trabalho do ferreiro envolvia uma série de regras e proibições que, se rigidamente respeitadas, contribuíam para o sucesso do trabalho. Isto é, a realização do ofício do ferreiro não dependia apenas de colocar em prática os conhecimentos técnicos ligados especificamente à metalurgia do ferro.

134 JULIANA RIBEIRO DA SILVA

Certamente, as regras ligadas ao trabalho do ferreiro sofriam modificações de acordo com o período e com a região, entretanto, os estudiosos do assunto conseguiram perceber a existência de determinados elementos comuns que envolviam o trabalho de quase todos os ferreiros da África central. Esses aspectos, expostos a seguir, permitem uma maior compreensão da complexidade da organização do trabalho desses profissionais ao longo de muitos séculos, chegando até mesmo à primeira metade do século XX.

Um primeiro aspecto a ser ressaltado é que o ofício de ferreiro na África central não era necessariamente hereditário, isto é, pessoas que não pertenciam a famílias de ferreiros podiam aprender o ofício se manifestassem interesse e se pagassem uma quantia estipulada pelo mestre. Em algumas outras regiões, principalmente da África ocidental, os ferreiros estavam organizados em comunidades fechadas e o ofício geralmente era hereditário. Alguns autores chegam mesmo a afirmar que esses faziam parte de "castas" ocupacionais, conceito amplamente debatido pelos pesquisadores.[1]

Outro aspecto importante é a exclusão da mulher do processo de fundição do ferro, conforme já mencionado.[2] O trabalho de fundir o ferro desde o seu surgimento sempre foi exclusivamente masculino. Um dos aspectos que explicam a exclusão da mulher está ligado à questão da fertilidade e da menstruação. Acredita-se que o sangue menstrual colocaria em risco o trabalho nos fornos.

A exclusão da mulher está também ligada à necessidade de abstinência sexual dos ferreiros ao trabalhar. O estado de "pureza" desses profissionais era absolutamente necessário para o sucesso do trabalho, portanto, manter as mulheres distantes desses locais era uma forma de garantir o

---

1 Para mais detalhes consultar: KRIGER, Colleen. *Pride of Men, op. cit.*, p. 9.

2 Segundo Jan Vansina em *How Societies are Born, op. cit.* "Smelting and smithing became as much a badge of masculinity as hunting and perhaps stone knapping or waging war had been before", p. 63.

não envolvimento sexual. Colleen Kriger também aponta que mulheres em fase reprodutiva não podiam se aproximar dos locais de trabalho dos ferreiros ou ainda se relacionar com eles em alguns momentos.[3] Ainda no século XIX, Serpa Pinto percebeu essa proibição. Ao descrever o trabalho dos ferreiros *gonzellos*, ele aponta que "durante todo o tempo que duram os trabalhos é expressamente prohibido a qualquer mulher aproximar-se do campo dos ferreiros, porque dizem elles que se estraga logo o ferro". E a hipótese defendida por ele para tal proibição é: "Eu creio que isto foi estabelecido para que os homens se não distraiam do trabalho, em que empregam, como já disse, noite e dia".[4]

Os autores Reid e Mac Lean ressaltam que o problema não é a mulher em si, mas mulheres em idade reprodutiva, já que crianças do sexo feminino e mulheres que já passaram pela menopausa não eram excluídas de todas as etapas do processo. O problema seria então o poder da fertilidade feminina que causaria interferências na produção do ferro.[5]

As mulheres grávidas também estavam excluídas do trabalho. De acordo com Eugenia Herbert, o feto e o ferro estão relacionados, pois ambos envolvem uma transformação de uma substância em outra.

---

3   KRIGER, Colleen. *Pride of Men*, *op. cit.*, p. 6.

4   SERPA PINTO, A. *Como Eu Atravessei África*, *op. cit.*, vol. 1, p. 111.

5   Os autores afirmam ainda que "the ambiguity of the creative power present both in the furnace and in the woman is also reflected in the avoidance of the smelting location by some women for fear that contact could damage their fertility. Smelting was therefore an activity involving a considerable element of danger to society, a process that could be controlled only by master smelters, who had inherited and who applied the ritual and technical expertise of their ancestors". REID, Andrew; MAC LEAN, Rachel. Symbolism and the social contexts of iron production in Karagwe. *World Archaeology. Simbolic Aspects of Early Technologies*, *op. cit.*, p. 149.

Provavelmente essa associação também está ligada à ideia da íntima associação entre fornos e mulheres, fundição e procriação.[6]

Em algumas regiões da África central, os fornos eram ginecomorfos, ou seja, possuíam características sexuais femininas, além de adornos. Em algumas áreas, quando o processo de fundição do ferro tinha início, o forno passava a ser referido pelos ferreiros como "nossa esposa".[7]

O modelo do forno abaixo mostra claramente as características femininas, como seios, umbigo protuberante, além da genitália feminina, por onde o ferro escorre. Por isso, nessas regiões da África os ferreiros são muitas vezes considerados obstetras. Além de serem esses profissionais que extraem o minério do ventre da terra, a própria fundição do mineral seria também um parto.

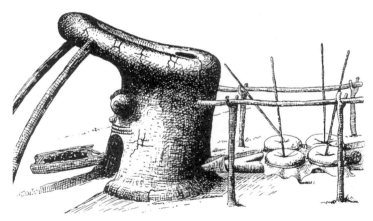

Forno ginecomorfo. REDINHA, Jose. **Campanha Etnográfica ao Tchiboco.** Lisboa, 1953.

---

6   HERBERT, Eugenia. *Iron, Gender and Power, op. cit.*, p. 87.
7   *Idem*, p. 56.

HOMENS DE FERRO   137

Os quiocos denominavam o forno da fundição do ferro de *lutengo*, que pode ser traduzido como vulva. Ao resíduo que envolve o metal já fundido, eles dão o nome de *Tchidonje*, que significa placenta.[8] Outros objetos como os foles, com formato fálico, também complementariam a ideia do processo de fundição como um processo de fecundação e parto.

Eram muitos os povos que construíam fornos com características femininas. É possível afirmar que além dos quiocos, os luba, os luchazi, os tabwa e os lozi também produziam fornos ginecomorfos.

O trabalho da metalurgia do ferro em toda a África central era realizado por dois tipos de profissionais: os ferreiros fundidores e os ferreiros forjadores, sendo possível, entretanto, que um único profissional exercesse as duas funções. A divisão entre forjadores e fundidores já foi amplamente divulgada pelos estudiosos do assunto.[9] Enquanto os ferreiros fundidores estavam envolvidos no processo de extração do minério de ferro da terra e sua fundição, os ferreiros forjadores eram responsáveis pela forma final, ou seja, pela transformação do ferro, já fundido, em objetos como armas e ferramentas.

Muitos aspectos simbólicos e rituais envolviam tanto os fundidores quanto os forjadores. No entanto, os fundidores, por lidarem mais diretamente com a transformação da natureza, possuíam um maior número de regras e restrições.

As principais características do trabalho da fundição do ferro eram:

1- Geralmente realizado em locais isolados ou secretos.

---

8   Para mais detalhes ver: HERBERT, Eugenia. *Iron, Gender and Power, op. cit.*, p. 38.

9   Ver, por exemplo, KRIGER, Colleen. *Pride of Men, op. cit.* Especialmente os capítulos 3 e 5. HERBERT, Eugenia. *Iron Gender and Power, op. cit.* Especialmente os capítulos 2, 3, 4 e 5.

138 JULIANA RIBEIRO DA SILVA

2- Envolvia um grande número de rituais, pelo fato do trabalho estar ligado à transformação da natureza;
3- Os processos e /ou artefatos possuíam uma ligação com a sexualidade, conforme já apontado anteriormente;
4- Exclusão da mulher;
5- Proibição das relações sexuais durante o processo;
6- Frequentemente acompanhado por músicas e cantos;
7- Os resultados variavam com frequência;
8- Considerado perigoso.

As principais características do trabalho da forja do ferro eram:

1- Tinha um caráter público;
2- Os rituais estavam principalmente limitados à inauguração de uma nova forja e seus implementos;
3- As mulheres podiam ou não ser excluídas, variava de acordo com a região;
4- A abstinência sexual não era uma regra;
5- A utilização de músicas era opcional;
6- Menor risco de falha;
7- Considerado menos perigoso.[10]

Não é possível afirmar que todos os aspectos expostos acima eram rigidamente cumpridos por todos os ferreiros da África central ao longo de vários séculos. É preciso também ressaltar que, de acordo com Colleen Kriger, as proibições rituais devem também ser vistas como uma forma de manter o ofício restrito, isto é, não acessível a qualquer um.[11]

---

10 Para mais detalhes ver: HERBERT, Eugenia. *Iron, Gender and Power, op. cit.*, p. 115-6.

11 Para mais detalhes ver: KRIGER, Colleen. *Pride of Men, op. cit.*, p. 74.

HOMENS DE FERRO 139

Obviamente, em muitas situações, principalmente no século XIX, esses profissionais tiveram que se readequar às novas realidades e necessidades. No entanto, sempre fez parte do ofício do ferreiro, na África central, a necessidade de lidar com novas situações e demandas, conforme será visto a seguir. Aliás, o ofício do ferreiro não pode ser bem compreendido sem levar em consideração essa característica.

Ser ferreiro no século XIX

É impossível definir através de um único conceito o significado de ser ferreiro no século XIX. Em toda a África central existiram especialistas com perfis diferenciados.

Colleen Kriger expõe em sua obra, por exemplo, o caso de Lopanzo, uma cidade fundada por ferreiros que se tornou um importante centro produtor de ferro nos séculos XIX e início de XX. Conforme demonstra a autora, nessa localidade havia importantes especialistas que foram capazes de gerar e acumular riquezas a partir da produção do ferro. Os artigos produzidos por esses profissionais permitiram que estes tivessem muitas vantagens perante outros homens. Esses ferreiros acabavam possuindo uma enorme facilidade em comprar escravos e em adquirir esposas através do pagamento do dote, transações que eram realizadas com moedas de ferro. Tidos como "big men", esses especialistas ficaram conhecidos como fundadores de linhagens e às vezes de comunidades inteiras.[12]

Já Jill Dias relata que, no mesmo período, havia também ferreiros que trabalhavam sob o controle direto dos chefes. Segundo a autora, num sobado próximo a Pungu Andongo, a produção de ferro era rigidamente controlada pelo soba. Mais de duas mil enxadas eram produzidas

---

12   O termo "big men" é utilizado por diversos antropólogos para designar líderes, chefes. Jan Vansina explica com detalhes a ideia do "big men" em sua obra *Paths in the Rainforests, op. cit.* Ver p. 73-75.

140 JULIANA RIBEIRO DA SILVA

anualmente para serem comercializadas, indicando que os ferreiros envolvidos na produção não possuíam uma grande liberdade de ação.
Isabel Castro Henriques também mostra que

> Na região de Andulo, cujo soberano está sob a proteção de Bailundo [a quem] paga tributo anual (...) [existe entre as suas aldeias uma chamada] Kerangobe, junto do rio Lumbumbo, onde se encontra instalado o chefe, contando cerca de 4000 habitantes, [e] que se ocupa principalmente de assegurar a extracção e a manufatura do ferro nas forjas dos arrabaldes; entre outros objectos fabricam um grande número de enxadas, com as quais se organiza um comércio importante nos territórios do interior. Onde estas enxadas circulam como moeda.[13]

Essas situações bastante diversas ocorridas na região centro-africana, no século XIX, além de demonstrarem as diferentes possibilidades e formas de exercer o ofício de ferreiro, são frutos das transformações vividas nesse período. O primeiro exemplo, o de Lopanzo, demonstra o aumento do status do ferreiro a partir do controle desses especialistas sobre a produção de ferro, minério cada vez mais solicitado. O segundo exemplo, que mostra o controle rigoroso do soba sobre a produção de objetos de ferro, principalmente de enxadas, usadas como moeda recorrente no período, demonstra a necessidade, cada vez maior, dos chefes se integrarem nas redes de comércio legítimo e conseguirem vantagens tanto econômicas quanto políticas.

Essas situações também servem para demonstrar que nem sempre é possível associar o aumento da solicitação do trabalho do ferreiro a um aumento do status desse profissional. É preciso analisar cada caso isoladamente. No entanto, independente da situação, ficou claro que,

---

13   HENRIQUES, Isabel Castro. *Percursos da Modernidade em Angola, op. cit.*, p. 319.

HOMENS DE FERRO 141

de uma forma ou de outra, os ferreiros tiveram que se adaptar e se integrar a essas novas conjunturas.

Outro dado importante a ser ressaltado é que, ao mesmo tempo em que os africanos produziam ferro destinado aos mercados europeus, por outro lado, a partir do final do século XIX, houve uma considerável entrada na região centro-africana, de produtos feitos de ferro oriundos da Europa, como armas de fogo, o que acabou contribuindo para o aumento da solicitação dos serviços oferecidos pelos ferreiros.

A aparente contradição existente entre a presença constante de objetos de ferro europeus e o aumento da solicitação do trabalho dos ferreiros locais pode ser entendida se for levada em consideração a própria natureza das mercadorias europeias. Muitos produtos de ferro que chegavam à região centro-africana não satisfaziam as necessidades práticas dos africanos. Por isso, eles acabavam procurando um ferreiro para readequar esses objetos às necessidades locais. Além disso, os comerciantes que vendiam esses produtos não possuíam nenhum tipo de preocupação com a manutenção ou consertos desses objetos, principalmente no caso das armas de fogo. Novamente, era o ferreiro que desempenhava a função de reparar esses objetos.

É preciso considerar também que não é possível estabelecer o real impacto da entrada dos objetos de ferro nas regiões mais interioranas da África central, mas pode-se afirmar que a entrada de artigos de ferro oriundos da Europa nesse período não foi determinante para o fim ou declínio do ofício do ferreiro, mas exigiu desse profissional uma grande adaptação na sua forma de trabalhar e um dinamismo talvez não visto em momentos anteriores.

Por outro lado, havia também, por parte dos africanos, o reconhecimento da alta qualidade do ferro local, o que fazia com que houvesse, muitas vezes, uma rejeição ao metal estrangeiro. A qualidade do ferro africano foi reconhecida pelos próprios europeus. David Livingstone relata que

142 JULIANA RIBEIRO DA SILVA

> (...) Empregam o mineral tal qual o encontram, o que não obsta a que os indígenas obtenham um excelente metal; a ponto que elles declaram que o ferro inglez é podre, comparativamente ao seu, e que os aluviões africanos foram considerados na Inglaterra de uma qualidade quase igual à do melhor ferro da Suécia.[14]

O francês Paul Du Chaillu, relata, em 1855, que

> O minério de ferro encontra-se em quantidade considerável no país dos Fans e explora-se na superfície do solo. Não se cavam minas, recolhe-se somente o que se encontra à flor da terra. Para extrair o ferro, eles fazem uma fogueira enorme pelo qual amontoam grande quantidade de minério quebrado, que ficam cobertos com carvão, depois acendem a fogueira. Enquanto esta está queimando vão se jogando lenhas até perceberem o sinal de que o ferro está em liquefação; assim deixam refrescar a massa onde o ferro se encontra. Para o vender maleável e molhá-lo, eles fazem todo tipo de operações prolongadas de aquecimento do carvão e de martelagem. Enfim, retiram daí uma qualidade superior de ferro, muito preferível em relação ao que tem vindo da Europa.[15]

A intensificação da exploração e comercialização de outros produtos locais como o marfim, também contribuiu enormemente para a readequação das atividades dos ferreiros, conforme será visto mais detalhadamente. Além disso, as relações comerciais a partir da intensificação do comércio de produtos legais na África central não se davam

---

14 LIVINGSTONE, David. *Viagens de Exploração no Zambeze e na África Central*, *op. cit.*, p. 79.

15 DU CHAILLU, Paul Belloni. *Voyages et Aventures dans L´Afrique Équatoriale*, *op. cit.*, p. 167.

HOMENS DE FERRO 143

apenas entre europeus e africanos. Africanos de diferentes procedências desde longa data trocavam mercadorias entre eles, inclusive de ferro. Portanto, a entrada maciça de produtos estrangeiros simplesmente acabou contribuindo e alimentando as complexas redes comerciais locais já existentes. Novamente, o ferreiro teve que se readequar também a essas novas demandas locais.

Para compreender a configuração dessas redes comerciais locais, Isabel Castro Henriques utilizou o conceito de *complementaridade*. Segundo a autora,

> Ele serve para mostrar, em primeiro lugar, que a África não estava fragmentada em pequenas unidades isoladas (famílias, aldeias, clãs, linhagens), pelo contrário, ela caracterizava-se pela densidade dos caminhos e dos homens. Ocupados com as mercadorias destinadas a assegurarem as necessidades do Outro. Necessidades muito diversificadas: alimentares, artesanais, sociais.[16]

A produção de enxadas, por exemplo, passou a ser, cada vez mais, a grande moeda de troca, o que contribuiu para o aumento do trabalho do ferreiro. De acordo com Isabel Castro Henriques, quando não tinham que cumprir uma demanda específica, os ferreiros concentravam a sua atividade na fabricação de enxadas, destinadas a diferentes aplicações: agricultura, permuta, pagamentos. As funções desse objeto eram múltiplas: além de circularem como moeda, permitiam o entesouramento, serviam para realizar trocas, podendo ainda ser utilizadas para saldar dívidas.

Silva Porto afirma, em 1846, na região de Belmonte, que os ferreiros "fazem toda a obra que se lhes encomenda, mas geralmente

---

16 HENRIQUES, Isabel Castro. *Percursos da Modernidade em Angola*, *op. cit.*, p. 363.

144 JULIANA RIBEIRO DA SILVA

fabricam enxadas para os trabalhos agrícolas – e que servem também para trocas e pagamentos".[17] No mesmo ano, na região do Samba, o sertanejo, ao pagar tributo de passagem ao soba, aproveitou para se abastecer de mantimentos. De acordo com ele, "por oito panos ou oito enxadas adquire-se um bom cevado; um boi castrado, de boa qualidade, por vinte e quatro panos ou enxadas; uma quinda com um alqueire de grão de milho ou farinha por um pano ou enxada".[18]

Possuir artigos de ferro para realizar trocas, assim como tecidos, era uma questão de sobrevivência. Os objetos de ferro eram imprescindíveis no cotidiano das populações e serviam tanto para dinamizar o trabalho ligado à agricultura quanto para proteger as comunidades dos inimigos. Jill Dias afirma que a sua procura era frequente e estava menos sujeita a variações determinadas pela moda como os tecidos europeus importados. A autora afirma ainda que "em Kazengu produziam enxadas de ferro para trocar por sal com os povos de Kisama e para negociar directamente com os povos que viviam para além do rio Kwango em troca do marfim ou da cera".[19]

O marfim e a cera, por exemplo, são dois produtos que passam a entrar nos circuitos comerciais de maneira mais frequente a partir do século XIX. O marfim, principalmente, contribuiu enormemente para alterar o caráter da relação comercial entre africanos e europeus e também entre africanos. Os ferreiros tiveram um papel fundamental nessa nova dinâmica.

O aumento da solicitação de artigos de ferro fez com que os ferreiros passassem a ter cada vez mais um caráter itinerante, isto é, as novas situações e demandas exigiram desses profissionais uma maior

---

17 SILVA PORTO, A. *Viagens e Apontamentos de um Portuense em África, op. cit.*, p. 25.

18 *Idem*, p. 38.

19 DIAS, Jill. Relações Econômicas e de Poder no interior de Luanda ca. 1850-1875. *I Reunião Internacional de História da África*. Lisboa: Instituto de Investigação Científica Tropical, 1989, p. 249.

disponibilidade de transitar por lugares distantes de suas próprias comunidades, visando atender o máximo de solicitações. No entanto, essa mobilidade vivida pelo ferreiro, não ocorreu apenas a partir do século XIX, sempre fez parte do trabalho desses especialistas, desde o seu surgimento.

A mobilidade dos ferreiros e as trocas comerciais

O ofício de ferreiro, seja ele ligado à fundição ou à forja, sempre exigiu uma intensa mobilidade. Os ferreiros fundidores sempre tiveram que se deslocar para as regiões das minas para construir seus fornos e colocá-los em ação. Esse trabalho não era constante, pois dependia das condições climáticas. Geralmente o trabalho era feito nas estações mais secas, uma vez que a alta umidade prejudicava o carvão e, consequentemente, o desempenho dos fornos.[20]

O fato do trabalho nas minas ter de ser realizado num período restrito obrigava os ferreiros a trabalharem de maneira frenética, para que aproveitassem ao máximo o que elas ofereciam. Após o fim desse período nas minas, "findo que o metal é transformado em obra, voltam os ferreiros a suas casas carregados com a sua manufactura, que vendem em seguida depois de terem reservado o necessário para seu uso".[21]

Serpa Pinto observou, na segunda metade do século XIX que

> Nos mezes mais frios, Junho e Julho, os ferreiros Gonzellos deixam suas libatas, e vam estabelecer grandes acampamentos junto das minas de ferro, que sam abundantes no paiz.
> (...) Depois começa um incessante trabalhar, noite e dia, até que tudo o metal é transformado em

---

20 Para mais detalhes ver KRIGER, Colleen. *Pride of Men, op. cit.* Principalmente o terceiro capítulo intitulado "Smelting Iron: Fathers of the furnace".

21 SERPA PINTO, A. *Como Eu Atravessei África, op. cit.*, vol. 1, p. 111.

146 JULIANA RIBEIRO DA SILVA

> enxadas, machados, machadinhas de guerra, ferros de frecha, azagaias, pregos, facas e balas para armas, e até mesmo fuzis para ellas, de ferro temperado com unha de boi e sal. Vi muito d'esses fuzis darem fogo também como os do melhor aço fundido.[22]

Quando ocorria o esgotamento de alguma mina, os ferreiros tinham ainda que se deslocar para procurar novos depósitos de minério de ferro. Além disso, depois que o ferro era produzido, esses profissionais percorriam longas distâncias para vender os objetos de ferro. As trocas comerciais entre os próprios africanos, desde tempos remotos, também exigiam uma intensa mobilidade. Conforme já exposto, as sociedades africanas sempre trocaram mercadorias e produtos, mesmo antes da chegada dos europeus no continente. E o ferreiro, produtor de artigos importantíssimos para a sobrevivência, sempre esteve inserido nessas trocas comerciais.

Os viajantes e exploradores que estiveram na África central no século XIX chamaram a atenção em suas obras para as intensas trocas comercias entre os povos africanos. É possível constatar a partir desses relatos que os objetos de ferro aparecem com muita frequência nessas transações. Havia povos que não produziam o ferro, já outros fabricavam apenas alguns artigos tendo que importar outros. A importação e exportação de produtos de ferro eram constantes. Os africanos percorriam longas distâncias para efetuar as trocas, ou seja, elas não eram realizadas apenas entre povos vizinhos.

Serpa Pinto notou que os bailundos trabalhavam o ferro e faziam machados grandes, projéteis e facas. No entanto, "os machados de guerra, frechas e azagaias, vem-lhes dos Luchazes, e as enxadas dos Ganguelas, Nhembas e Gonzellos".[23] Ou seja, os produtos que

---

22 *Idem*, p. 108-11.

23 *Idem*, p. 215.

HOMENS DE FERRO   147

os bailundos não produziam eram comprados de mais de um povo.

Numa outra passagem de seu relato, o mesmo explorador constata que "os costumes entre os povos do Nano e do Huambo sam os mesmos que entre os Quilengues, assim como falam a mesma língua. Trabalham o ferro, de que fazem setas, azagaias e machadinhas; mas não enxadas, que vem do norte".[24] Já Silva Porto relata que "a tribu Bambueira ignora qualquer ofício, tendo que adquirir enxadas, machados e azagaias".[25]

É importante ressaltar que o comércio realizado entre africanos não envolvia apenas objetos de ferro de uso cotidiano. Existia também uma importante rede comercial de objetos de ferro de luxo, principalmente de insígnias de poder. Colleen Kriger aborda em sua obra essa complexa produção de objetos de prestígio, altamente valorizados pelos africanos.[26]

Esses objetos eram sempre solicitados, pois muitas vezes possuíam um papel fundamental nas cerimônias de entronização do novo rei e também na tomada de decisões políticas. No primeiro capítulo, ficou clara a ligação simbólica entre o ferreiro e o chefe ao longo de vários séculos. No século XIX, essa relação continuou, apesar das muitas transformações ocorridas.

As fontes do século XIX mostram que os objetos confeccionados em ferro continuavam fazendo parte dos paramentos do chefe em praticamente toda a região centro-africana. Numa cerimônia de entronização de um Jaga de Cassange, por exemplo, os artigos de ferro não aparecem apenas como símbolos do poder, mas também como indicadores do tipo de governo que será estabelecido. Após a morte de um Jaga,

---

24   *Idem*, p. 81.

25   SILVA PORTO, A. *Viagens e Apontamentos de um Portuense em África, op. cit.*, p. 67.

26   KRIGER, Colleen. *Pride of Men, op. cit.* Ver principalmente os capítulos 6 e 7.

148 JULIANA RIBEIRO DA SILVA

> Os macotas, reunidos, circundam o novo jaga, *transportando*-o a um lugar escolhido, geralmente num campo, sob uma árvore, onde se acham de um lado artigos de guerra de toda a espécie, do outro enxadas e objectos empregados na agricultura, símbolos da guerra e do trabalho.
> Saindo então do grupo, o soba avança impávido. Ninguém se mexe! Todos observam atentos e esperam a resolução suprema.
> Após pequena pausa, em que o chefe, recolhendo-se, olha alternativamente para as armas e enxadas, decide-se e lança mão do artigo que lhe apraz.
> É o sinal esperado, e nesse momento dividem-se as opiniões, que produzem grande confusão.
> Se o soba tomou uma arma ou uma zagaia, o grupo daqueles que se pronunciam pelas aventuras guerreiras felicita-o, fazendo aos adversários, propensos à paz, caretas e momices no intuito de os cobrir de ridículo.
> Se o contrário sucede, os primeiros é que se tornam vítimas.[27]

Essa cerimônia é bastante sugestiva para perceber que os artigos produzidos pelos ferreiros não são apenas explicados pelo seu uso prático. Nota-se que, em algumas situações, esses objetos acabavam ganhando um significado simbólico. Nesse caso especificamente, a escolha do Jaga entre a enxada e a arma, simbolicamente marcava o caráter do próximo governo: belicoso ou pacífico.

O outro dado importante a ser destacado é que nem todas as trocas de objetos de ferro eram realizadas diretamente pelos ferreiros, mas por pessoas que tinham adquirido esses objetos através de intermediários. No entanto, era comum, nesse período, encontrar os fer-

---

27 IVENS, R; CAPELO, H. *De Benguela às Terras de Iaca*, *op. cit.*, vol. 1, p. 271.

HOMENS DE FERRO   149

reiros indo de "porta em porta" vendendo esses objetos ou oferecendo serviços de consertos.[28]

Aparentemente, as trocas de longa distância de objetos de ferro, sejam eles de uso cotidiano ou cerimonial, parecem ser desnecessárias se for levada em consideração a grande quantidade de depósitos de minério de ferro espalhados por toda a região centro-africana. No entanto, a presença de um depósito de ferro próximo de uma comunidade não era garantia de sua exploração ou que a tecnologia da fundição fosse desenvolvida ali.[29] Portanto, apesar da grande disponibilidade de depósitos de ferro em toda a África central, as trocas de objetos de ferro sempre foram necessárias.

Como consequência, os preços dos artigos de ferro eram altos, não por causa de sua escassez, mas por causa da sua necessidade. O alto preço cobrado pelo ferreiro certamente também estava relacionado ao valor simbólico agregado ao objeto, como ficou claro no primeiro capítulo. Silva Porto observou que:

> Porém hoje e outrora, sempre o ferreiro escolheu e escolhe de entre os seus, o indivíduo de longos braços para a medição da fazenda, de maneira que oito palmos é a medida de dois panos, ao passo que nos braços destes novos Sansões se torna preciso 12 palmos para essa medida.[30]

A ousadia desse ferreiro, ao escolher um indivíduo de braços longos para medir o pagamento, no caso o tecido, mostra o quão

---

28   HENRIQUES, Isabel Castro. *Percursos da Modernidade em Angola, op. cit.*, p. 319.

29   KRIGER, Colleen. *Pride of Men,op. cit.*, p. 30.

30   "Espólio de Silva Porto", cx 1, cad. 4, p. 6, 10 de julho de 1884" *Apud.* SANTOS, Maria Emília Madeira. *Nos Caminhos de África.* Lisboa: Instituto de Investigação Científica Tropical, 1998, p. 256.

150 JULIANA RIBEIRO DA SILVA

valorizado estava nesse momento o seu trabalho e alto o seu preço.
Silva Porto dá ainda a entender que esse era um procedimento comum
entre os ferreiros, pois quando eram questionados sobre essa postura,
eles costumavam responder que "é a única vantagem que tiramos do
nosso pesado trabalho".[31]

O contato com diferentes populações acabava propiciando ao
ferreiro se relacionar e trocar técnicas com profissionais de diferentes
procedências. Colleen Kriger afirma que os mercados não eram apenas redes econômicas, mas também sociais, conectando ferreiros de
diferentes procedências.[32]

Essas trocas de conhecimentos técnicos têm reflexo tanto nos
fornos quanto nos objetos produzidos. Uma das evidências dessas
trocas de conhecimento é o uso, em diferentes regiões, de uma mesma palavra para designar o nome de algum objeto envolvido no
processo do trabalho do ferro. Kriger aponta que diversos povos das
regiões das savanas ocidentais possuíam a mesma palavra para designar, por exemplo, o forno de fundição. De acordo com a autora,
todos usam a raiz -lungu.[33]

Já Wainwright tentou mapear a origem dos povos jaga através do
estudo da difusão do nome dado pelos jaga para o ferro, tale. A existência de diversos povos que possuem a mesma denominação para a palavra ferro, novamente indicaria trocas de conhecimentos e empréstimos
não apenas linguísticos.[34]

---

31 Idem.

32 KRIGER, Colleen. Pride of Men, op. cit., p. 22.

33 Para outros exemplos ver: KRIGER, Colleen. Pride of Men, op. cit., p. 75.

34 WAINWRIGHT, G. A. The Jaga and Their Name for Iron. MAN, Vol. 55. (Abril,
1955), p. 52-7.

Os fornos de fundição e a produção do ferro no século XIX

Os frequentes contatos entre ferreiros de diferentes origens também tiveram reflexos nos fornos e nos processos de fabricação do ferro. Os fornos de fundição e as técnicas utilizadas sofriam algumas variações de acordo com a população e região, mas é também possível encontrar semelhanças. David Livingstone notou, em 1860, nas proximidades do Zambeze, que,

> Na aldeia de Simariango encontraram muitos ferreiros que empregam folles similhantes aos que se usam em Madagascar. Compõem-se de duas caixas de pau, de forma circular e de pequena dimensão, cuja parte superior é coberta de coiro. Pareceriam tambores, se a pelle, em vez de estar distendida, não constituísse, ao contrario, um verdadeiro sacco. O folle comprehende duas d'estas caixas; é adaptado um tubo a cada uma d'ellas e o ar é expelido pela pressão do coiro que se faz mover por meio de um pau collocado no meio do folle.[35]

Nas mesmas proximidades, Livingstone observou que "em todas as três ou quatro aldeias vejo uma pequena construção de dois metros de altura por quase um de diâmetro e que parece um forno. Construida de argila cosida é esta edificação effectivamente um forno que serve para a fundição do ferro".[36]

Os fornos de fundição nunca passavam despercebidos entre os viajantes, que tentavam registrar o máximo de informações so-

---

35 LIVINGSTONE, David. *Viagens de Exploração no Zambeze e na África Central*, *op. cit.*, p. 55.

36 *Idem*, p. 78.

bre o seu funcionamento. É importante lembrar que essas viagens geralmente possuíam um caráter científico, cujo principal objetivo era o de conhecer, além das riquezas naturais da região, as tecnologias empregadas. No entanto, essas informações devem ser vistas com desconfiança, pois além desses viajantes não terem tido acesso ao processo inteiro, por causa das restrições ligadas ao trabalho, essas pessoas não eram especialistas e dificilmente conseguiam compreender plenamente o funcionamento dos fornos.

É possível afirmar que os fornos locais utilizados na África central, mesmo com estilos variados, não produziam em grande escala. Isso se devia mais a uma característica do trabalho realizado na região do que uma possível falta de conhecimento. Os ferreiros produziam apenas o necessário e sabiam que o esgotamento de uma mina de ferro exigiria deles um grande empenho até que outra estrutura fosse organizada.

Diversos viajantes que estiveram na região centro-africana observaram e ficaram decepcionados com esse modo de trabalhar dos ferreiros africanos. Ao visitar a Fábrica de Ferro de Nova Oeiras, em 1795, com a finalidade de encontrar soluções para seu fracasso, o degredado da Inconfidência Mineira Jozé Álvares Maciel apontou que obrigar os "fundidores da terra a aprender ali o trabalho em grande escala" poderia ser uma solução,

> (...) Pois que estes chegando a conhecer hum meio mais vantajozo, e fácil, deixarão de usar dos seus pequenos, e mal feitos folles, tão maus que dous juntos não são capazes de caldear hum ferro que tenha muita grossura. Conhecerão também a vantagem do Martelo, pois que em lugar deste uzão de um Massete todo de Ferro, que não da geito algum a pegar-se, e só êlles (creio que pelo continuo uso) trabalhão com tal instromento. O Forno de que se servem não tem mais diâmetros, que de hum pé, thé pé e meio, e a altura de outo polegadas, a parede que o forma, he de

HOMENS DE FERRO 153

piquenos pedaços de telha, ou panelas, e fica
por esta razão toda cheia de aberturas, o Folle
alem do seu Tubo que he de pao, tem huma
Longa de barro, a qual deve ter o comprimento
quaze igual ao do diâmetro do Torno, para se
poder hir introduzindo á proporção que se for
fundindo o ferro.[37]

Pode-se perceber que Jozé Maciel teve uma grande preocupação
em investigar todas as ferramentas empregadas no processo de fabricação de ferro dos especialistas nativos, a fim de encontrar uma solução
que satisfizesse os anseios de Portugal de retomar o funcionamento da
fábrica. No entanto, fica explícito que essa possível reestruturação da
fábrica só poderia ser feita a partir da utilização da mão-de-obra local,
que deveria ser readequada a uma nova demanda.

A preocupação em conhecer detalhadamente também o processo
utilizado pelos africanos para fundir o ferro, visando apontar alternativas
para aumentar a produção fez com que fosse produzido, nesse mesmo
período, um desenho mostrando os ferreiros trabalhando, acompanhado
de uma legenda "explicativa", conforme mostrado abaixo.

---

37   *Apud.* A academia portuguesa da História e o II Centenário da Fábrica de Ferro
     em Nova Oeiras, Angola. REGO, Antonio da Silva. *Academia Portuguesa de
     História. Estudos de História Luso-africana e oriental, op. cit.,* p. 123.

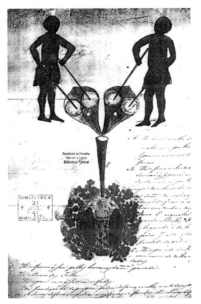

Desenho representando o modo de fundir o ferro dos nativos em Nova Oeiras, acompanhado de descrição pormenorizada, 1800. IEB. Coleção Lamego (cód 21. 18).

Serpa Pinto, ao se referir aos já mencionados *gonzellos*, também aponta essa característica de produzir apenas o ferro necessário.

Para a extracção do minério cavam poços circulares de três a quatro metros de diâmetro, que não profundam mais de dois metros; de certo por lhe escacearem os meios de elevarem com facilidade o minério a maior altura. Visitei muitos d'esses poços junto ao Cubango. Extraído que é o minério que elles julgam sufficiente para o trabalho d'aquele anno, começa a separação do ferro, que eles fazem em covas poucos profundas, misturando o minério com o carvão vegetal, e elevando a temperatura por meio dos seus instrumentos de insuflação, que

HOMENS DE FERRO 155

consistem em dois cylindros de pao, cavados de
10 centímetros, com 30 de diâmetro, e recobertos
por duas pêlles de cabra curtidas, ás quaes estam
ligados dois paos, de 50 centímetros de comprido
por 1 de diâmetro. É por meio d'estes paos que
um rápido movimento dado ás pêlles produz a
corrente de ar, que é dirigida sobre o carvão por
dois tubos de paos ligados aos cylindros, e termi-
nados por um bocal de barro.[38]

Ficou claro no trecho acima que a quantidade de ferro extraída
era aquela que os ferreiros consideravam suficiente para trabalhar durante todo o ano. A despreocupação em não acumular ferro excedente
acabou gerando grandes conflitos de interesses com os europeus, que estavam muito mais preocupados em extrair o máximo de ferro possível.

Um detalhe importante observado é que a intensificação do
contato com os europeus resultou numa pressão para que os especialistas locais aumentassem a produção, o que não ocorreu. No entanto, os
ferreiros africanos não pensaram duas vezes antes de transformar suas
ferramentas de trabalho ou trocá-las por ferramentas europeias quando
achavam isso vantajoso.

É possível destacar algumas hipóteses para tais fatos.
Provavelmente, os ferreiros insistiram em não atender à pressão estrangeira para aumentar a produção de ferro, pois isso significaria alterar
também uma visão de mundo local ligada ao equilíbrio do homem
com a natureza, enquanto que a incorporação de ferramentas europeias apenas contribuiria para facilitar o trabalho ou também para
agregar valor simbólico. Assim, são vários os relatos de incorporação
de ferramentas estrangeiras. Em 1884, por exemplo, os ferreiros do Bié
usavam limas importadas.[39]

---

38 SERPA PINTO. *Como Eu Atravessei África, op. cit.*, vol. 1, p. 109-11.

39 S.G.L., "Espólio de Silva Porto", cx 1, cad. 4, p. 6, 10 de julho de 1884" *Apud*
SANTOS, Maria Emília Madeira. *Nos Caminhos de África, op. cit.*, p. 256.

A flexibilidade desses ferreiros também serve para explicar o uso das ferramentas de trabalho para outros fins que não ligados diretamente à produção do ferro. Na região do Bié, Silva Porto presenciou uma cerimônia fúnebre de um chefe, e constatou que, depois de terminada a adivinhação sobre as motivações da morte,

> Recolhe o préstito à Residência e o odre é enterrado na casa donde saiu, ficando à superfície da cova um bocal de grêda que os ferreiros usam e que serve para defender os foles do contacto do fogo, afim, de por ele introduzirem bebidas nas ocasiões de calamidades públicas.[40]

Foles e martelo indígenas. In: CAPELO, Hermenegildo & IVENS, Roberto. *De Benguela às Terras de Iaca*. Portugal: Publicações Europa-América, s/d, vols. 1 e 2, p. 118.

Conforme já mencionado no primeiro capítulo, esses profissionais já estavam acostumados a exercer funções não diretamente ligadas ao trabalho do fabrico do ferro. O exercício de papéis variados por si

---

40 SILVA PORTO, A. *Viagens e Apontamentos de um Portuense em África*, op. cit., p. 189-190.

HOMENS DE FERRO 157

só exigia dos ferreiros uma flexibilidade em lidar com o novo e com situações inusitadas. Essa característica certamente possibilitou a esses especialistas a continuidade de seu trabalho e não o declínio, mesmo com as inúmeras transformações ocorridas no século XIX. A entrada maciça de armas de fogo no século XIX que acabou alterando diversos aspectos da vida das populações centro-africanas, por exemplo, é de extrema importância para a compreensão de como esses ferreiros conseguiram não apenas lidar com esse fato, mas também se readequar e ainda tirar proveito da nova situação.

O entendimento da banalização das armas de fogo na África central é fundamental para a compreensão do lugar desses especialistas em todo o século XIX, ou seja, é impossível enxergar a arma de fogo nesse período como mera coadjuvante na vida dos ferreiros.

As armas de fogo

O entendimento do processo de incorporação sistemática das armas de fogo entre os africanos a partir do século XIX "não constitui um fator determinante na análise da evolução das estruturas ideológicas e políticas africanas",[41] mas nos oferece subsídios para compreender, principalmente, como se deram as dinâmicas das relações comerciais entre europeus e africanos e também entre africanos, além de permitir uma análise mais cautelosa de como se dá o processo de apreensão do novo pelos africanos, sem necessariamente causar desarticulações nas estruturas locais.

Alguns estudiosos estiveram preocupados em compreender a presença das armas de fogo na África central nesse período. Isabel Castro Henriques, no importante artigo sobre o tema, "Armas de fogo

---

41 HENRIQUES, Isabel Castro. Armas de fogo em Angola no século XIX: Uma Interpretação. *I Reunião Internacional de História da África*. Lisboa: Instituto de Investigação Científica e Tropical, 1989, p. 365.

158 JULIANA RIBEIRO DA SILVA

em Angola no século XIX",[42] discute exatamente a incorporação das armas de fogo pelos africanos na África central. Em sua obra *Percursos da Modernidade em Angola*, a questão da arma de fogo permeia também diversos capítulos. Maria Emília Madeira Santos é outra estudiosa que se dedicou ao assunto. Em vários trabalhos, a autora destaca a questão das armas de fogo, mas é em seu artigo "Tecnologias em presença: manufacturas europeias e artefactos africanos"[43] que ela aprofunda o assunto, além de discutir também a atuação dos ferreiros frente a essas armas. Entre 1967 e 1970, a Universidade de Londres organizou uma série de seminários sobre o tema e os resultados foram publicados em vários números do *Journal of African History*, em 1971 e 1972. David Birmingham também discutiu a presença das armas de fogo em sua obra *Central Africa to 1870*, mas de uma maneira bastante sucinta.[44]

É sabido que as armas de fogo não eram desconhecidas dos africanos antes do século XIX, entretanto, foi a partir desse período que se deu uma entrada maciça desses objetos. Se em séculos anteriores Portugal manteve uma política de evitar que as armas caíssem nas mãos dos africanos (o que não significou necessariamente que isto não ocorresse), com o fim do tráfico de escravos, com o processo de industrialização dos países europeus e com a intensificação do chamado comércio legal e de longa distância, as armas de fogo passaram a entrar na lista de objetos desejados pelos africanos.

Durante muitos séculos, os próprios africanos rejeitaram o uso constante das armas de fogo. Manuel Correia Leitão, na segunda metade do século XVIII, chegou a afirmar que "dado que as armas de fogo

---

42 *Idem.*

43 SANTOS, Maria Emília Madeira. *Nos Caminhos de África*, op. cit.

44 BIRMINGHAM, David. *Central Africa to 1870*. Nova York: Cambridge University Press, 1994.

HOMENS DE FERRO 159

não permitem que os combatentes mostrem a sua coragem, os chefes políticos tal como os guerreiros recusaram a utilizá-las".[45]

John Thornton lembra que líderes de exércitos localizados a leste do Rio Kwango não viam a falta de armas de fogo como um grande problema militar. Exércitos lunda que chegaram às barreiras do Kwango do leste longínquo, por volta dos 1750, estavam amplamente equipados com lanças e espadas, bem como de escudos resistentes a flechas.[46] Obviamente essa postura não era generalizada. O mesmo autor também relata o caso dos congoleses, que mostraram grande entusiasmo desde o começo por todas as coisas europeias, sendo também rápidos na incorporação das armas europeias. D. Afonso I do Congo estava interessado nessas armas para seu uso próprio já por volta de 1510.[47]

A rainha Jinga, por exemplo, no século XVII, não dispensou o uso das armas de fogo. As armas usadas por ela e seu exército eram fornecidas basicamente por holandeses, que chegaram até a fazer parte de sua armada. Cadornega, ao descrever a rainha Jinga, no século XVII, relata que

> (...) E nos mostrou este dito Negro daquelle alto aquella valeroza Amazona e Rainha Ginga em hum outeiro de baixo de grande Chapeo de Sol; e do nosso poder aonde ella estava se não mettia mais de hum córrego ou vale de premeyo, que bem se desvizava a sua pessoa estar vestida a modo de guerra com divizas e apparato, entre hum Embululu ou batalhão de gente de sua guarda, que são os mais moços; e dali tinha disposto toda a sua guerra como se fora hum valente Generalíssimo, tomando ella a Vanguarda e accometimento do nosso Exercito com seis Flamengos com que de presente se acha-

---

45 HENRIQUES, Isabel Castro. *Percursos da Modernidade em Angola, op. cit.*, p. 320.

46 THORNTON, John. *Warfare in Africa*. Londres: NY, Routledge, 1999, p. 109.

47 *Idem*, p. 108.

160 JULIANA RIBEIRO DA SILVA

va e muitos Empacaceiros com Armas de fogo que elles Capitaneavão.[48]

John Thornton é enfático ao afirmar, no entanto, que os africanos da África central foram rápidos em adotar a arma de fogo, mas lentos para substituir completamente as armas tradicionais. Segundo ele, as armas de fogo não substituíram os arqueiros muito rapidamente em nenhum dos exércitos da África centro-ocidental. Certamente eles procederam mais lentamente do que muitos africanos ocidentais, mesmo quando os mosquetes superiores do século XVIII chegaram. As armas utilizadas pelas tropas congolesas que aparecem numa revista militar do dia de São Jaime, em 1701, na região de Kibangu, capital de Pedro IV, incluíam alguns mosquetes, mas também espadas, clavas, lanças e arcos. [49]

A venda de armas de fogo aos africanos ocorreu desde os primeiros contatos, principalmente por parte de países como Holanda e Inglaterra, causando grande temor em Portugal, que desde o início tinha como norma oficial a proibição do fornecimento das armas de fogo aos africanos.

A questão da venda ilegal de armas, portanto, sempre foi motivo de preocupação por parte dos portugueses, que na maioria das vezes não conseguiam controlar o contrabando. Joseph Miller aponta que capitães portugueses que direcionavam as cargas para os depósitos das casas comerciais próximas de Luanda tinham que fugir das proibições oficiais contra as armas e, portanto, redirecionavam as caixas de armas de fogo utilizando canoas menores e mais leves para baías escondidas não muito distantes do porto. A pólvora vinha de forma mais direta nos navios, como "arroz", "farinha", "pimenta" ou outros bens secos.

---

48 CADORNEGA, Antônio de Oliveira de. *História Geral das Guerras Angolanas*. Tomo I. Lisboa: Agência Geral do Ultramar, 1972, p. 405.

49 THORNTON, John. *Warfare in Africa, op. cit.*, p. 108.

HOMENS DE FERRO 161

Mercadores escondiam tanto armas quanto pólvora em domicílios privados e outros depósitos secretos pela cidade. [50] Havia um temor real por parte de Portugal de que armas caíssem nas mãos dos nativos. No entanto, o receio maior era que armas de qualidade caíssem nas mãos dos africanos. Uma portaria datada de 1769, enviada para o Ouvidor da cidade de Benguela deixa claro o perigo das armas de fogo estarem circulando em mãos erradas:

> Constandome, que alguns Moradores de Benguela esquecidos da obrigação que como fieis vassalos devião ter, executando as leaees ordens na limitada introdução de Armas, e Pólvora para o Certão, não só lhe introduzem muito maiores porções, mas mandão fazer por ordem do sova Balundo, Rebelde, e prejudicial ao Estado, cartuxeiras novas, e boas para os seus soldados, e não podendo deferirlhe na suplica que lhe fes demandar lhe Peças de Artelharia pela impossibilidade desta oculta Remessa, lhe forneceram huns Bacamartes, ou Trabucos, que bem suprissem as ditas Peças: e sendo esta dezordem a mais criminoza em Seu Paíz pelas perigozissimas conseqüências, que envolve: ordeno aos Sr. Ouvidor da Cidade de Benguela, que averigúe extrajudicialmente se tudo isto he assim, eachando-o certo, proceda a devaça, e prizão dos criminosos, remetendo-os com as culpas, que lhes Rezultarem damesma, para serem sentenciados naforma das Leys, e ordens Regias.[51]

---

50 MILLER, Joseph. *Way of Death*. Wisconsin: The Wisconsin University Press, 1988, p. 75.

51 Coleção Lamego (83.199). Portaria baixada por Francisco Inocêncio de Sousa Coutinho, governador de Angola, devido à desobediência dos moradores de Benguela à determinação que proibia a introdução de armas e pólvora no sertão, a não ser em número limitado. São Paulo De Assunção, 7 de janeiro de 1769.

162 JULIANA RIBEIRO DA SILVA

Na portaria acima, é possível constatar que o grande problema relatado por Portugal não era o fornecimento de armas em si, mas a quantidade e a qualidade das armas fornecidas. A qualidade das armas que iam parar em África era geralmente inferior. A maioria delas estava já em desuso na Europa, ou seja, eram obsoletas. A maior parte das armas que caía nas mãos dos africanos, com exceções, não possuía potencial bélico para concorrer com as portadas pelos europeus. As armas que chegavam às mãos dos africanos eram, de maneira geral, as lazarinas[52] e as reiúnas,[53] que apresentavam muitas deficiências e, sobretudo, falhavam com frequência.

Quando Serpa Pinto chama a atenção para uma guerra entre o Bié e Caquingue, ele próprio observa a baixa qualidade das armas:

> As armas de que usam sam as chamadas no commercio Lazarinas, sam muito compridas, de pequeno adarme, e de sílex. Estas armas sam fabricadas na Bélgica, e tiram o seu nome de um célebre armeiro Portuguez que viveu na cidade de Braga, no princípio d'este século, cujos trabalhos chegaram a adquirir grande fama, em Portugal e Colônias. Nas

---

52 De acordo com Maria Emília Madeira Santos, "as armas Lazarinas são muito compridas de pequeno adarme, e de sílex. Estas armas são fabricadas na Bélgica, e tiram o seu nome de um célebre armeiro Portuguez, que viveu na cidade de Braga, cujos trabalhos chegaram a adquirir grande fama em Portugal e Colônias". Nos Caminhos de África, op. cit., p. 255. Fica claro que a citação da autora foi baseada no relato de Serpa Pinto.

53 Maria Emília Madeira Santos afirma que "a reiuna era uma arma fabricada em Enfield, perto de Londres, importada pelo exército português em três grandes remessas entre 1852 e 1867. Em 1868, o Exército adotou uma nova arma, Weftley Richards (carregamento pela culatra), e desprezou todas as armas antigas que vendeu como obsoletas. Trata-se de uma carabina de percussão, de carregamento pela boca, (...). O cano era de melhor qualidade que o da lazarina. Além disso, podia disparar em dia de chuva ou de grande humidade, o que não acontecia com a lazarina". Nos Caminhos de África, op. cit., p. 255.

HOMENS DE FERRO 163

armas fabricadas na Bélgica para os pretos, que sam uma imitação grosseira dos perfeitos trabalhos do armeiro Portuguez, lê-se nos canos o nome d'elle – Lazaro – Lazarino, natural de Braga.[54]

Isabel Castro Henriques chega mesmo a afirmar que a qualidade ruim das armas era intencional e se devia a uma má fé industrial e comercial dos comerciantes europeus.[55]

No entanto, para a maioria dos africanos, pouco importava a qualidade e o alcance das armas. Primeiro porque ficou claro que as guerras africanas não dependiam exclusivamente delas. Em todo o período aqui tratado os africanos nunca chegaram de fato a abandonar as armas produzidas por eles próprios como as lanças, arco e flechas. Uma das explicações para tal peculiaridade se deve à diferença da concepção de guerra para os africanos e para os europeus. Os africanos não faziam guerras para matar muitas pessoas, como no ocidente. A morte de quatro ou cinco pessoas já era suficiente para o encerramento do combate.

John Thornton afirma que as batalhas dos séculos XVI e XVII eram decididas rapidamente quando um dos dois lados, incapaz de suportar a pressão e a tensão do combate, tinha suas fileiras penetradas e fugia. Os exércitos do Ndongo, que lutaram contra os portugueses no fim do século XVI fugiam em pânico quando derrotados, e às vezes, os soldados em fuga atacavam seus próprios companheiros que impediam sua evasão.[56]

Na guerra entre o Bié e Caquingue, por exemplo, Serpa Pinto observou que

> Nas guerras entre os povos d'estes paizes, pode contar-se, que apenas um quinto dos combatentes

---

54 SERPA PINTO, A. *Como Eu Atravessei África, op. cit.*, vol. 1, p. 151.

55 HENRIQUES, Isabel Castro. Armas de fogo em Angola no século XIX. *I Reunião Internacional de História da África, op. cit.*, p. 368.

56 THORNTON, John. *Warfare in Africa, op. cit.*, p. 107. "Tradução minha".

164 JULIANA RIBEIRO DA SILVA

sam armados de espingardas, e os outros 4-quintos de arcos e frechas, machadinhas e azagaias. Dizem, que uma guerra vai muito poderosa e forte, quando leva trinta tiros por espingarda.[57]

Segundo, porque a aquisição de uma arma de fogo não significava necessariamente a utilização prática da mesma pelo seu proprietário. Muitas vezes o que mais importava era o valor simbólico desse objeto.

> (...) em 1777, quer dizer, já muito tarde na organização social, em Kazembe, os viajantes europeus ou asiáticos, provindos da costa oriental encontram-se perante o "tesouro" do rei, cuja origem lunda está perfeitamente documentada. As autoridades de Kazembe escancaram um grande baú, onde se encontram espingardas embrulhadas em tecidos. Estas armas estão enferrujadas e o "tesouro" do rei perde diariamente uma parte da sua função e do seu valor. O princípio do "tesouro" imobiliza e esteriliza – no plano econômico – tanto os bens como as massas monetárias ou que seria possível monetizar. Nestas condições, o "tesouro" parece não levar em conta o envelhecimento e a desvalorização dos instrumentos, que perdem valor comercial e deixam de ter utilidade. [58]

O valor que a arma de fogo possuía entre as sociedades africanas independia da sua qualidade e muitas vezes até do seu funcionamento. Muitas vezes o ruído provocado pelas armas era o que mais fascinava os africanos, pois como na maioria das vezes não eram usadas para matar, o barulho provocado por elas já era suficiente para cumprir a sua função.

---

57 SERPA PINTO, A. *Como Eu Atravessei África*, vol. 1, p. 151.

58 HENRIQUES, Isabel Castro. *Percursos da Modernidade em Angola, op. cit.*, p. 470.

HOMENS DE FERRO   165

Aliás, o fascínio provocado nos africanos por causa do ruído e do alcance dos projéteis saídos das armas de fogo foi bastante comentado pelos viajantes e exploradores do período. Ivens e Capelo registraram, em um de seus relatos, o encontro com um grupo de caçadores que ficaram fascinados diante das armas que portavam. Eles relatam que

> Num grupo de caçadores que, embasbacados diante das armas, as passavam de mão em mão, davam-se explicações esplêndidas, comparando-as com as suas huta, maghia, eonga.
>
> As Snider causavam espanto; as Lepage, de dois canos, eram um verdadeiro assombro; os revólveres e as Winchester de repetição faziam tocar as raias do delírio aos ilustres admiradores.
>
> Um, aos saltos, de Snider à cara, fazia menção de atirar a um elefante; outro, curvado sobre o revólver, com grande dificuldade obrigava-o a fazer a rotação entre duas cargas, e, logo que esta se operava, risonho para os seus companheiros, escancarava a boca, deixando ver duas filas de dentes brancos como o jaspe; em frente do intérprete, um terceiro, com o braço estendido horizontalmente, mostrava na palma da mão umas poucas de cargas, para as quais apontava com o indicador da direita, ouvindo a descrição dos terríveis efeitos das balas explosivas e de aço, exagerando a admiração que elas causaram entre os povos por onde passamos.[59]

Silva Porto também relatou, em 1847, que os bienos "conservam as armas de fogo encostadas às árvores ou arbustos do local onde pretendem fazer as barracas, ou exibem-nas para lisonjearem os chefes".[60]

Nem os sobas escapavam do fascínio em ver uma arma de fogo em ação. Serpa Pinto, ao visitar a terra de Huambo e se encontrar

---

59 IVENS, R; CAPELO, H. *De Benguela às Terras de Iaca, op. cit.*, vol. 1, p. 156.

60 SILVA PORTO, A. *Viagens e Apontamentos de um Portuense em África, op. cit.*, p. 50.

166 JULIANA RIBEIRO DA SILVA

com o soba, cujo nome era Bilombo, relatou que o chefe "ficou muito sorprendido vendo a minha carabina Winchester, e pedio-me para eu atirar com ella, ficando admiradíssimo de me ver meter algumas balas n'um pequeno alvo a 200 metros, e muito mais quando lhe quebrei um ovo a 50 metros".[61]

Conforme já exposto, os sobas, além de sentirem verdadeiro prazer em ver uma arma de fogo em ação, faziam de tudo para possuir alguns exemplares. Curiosamente, muitos desses sobas não usavam as armas para atirar, mas apenas para portar como insígnia de poder. O fato de apenas possuir a arma de fogo já garantia, em muitos casos, manter o inimigo à distância. Um soba chegou mesmo a comentar com Serpa Pinto "que a sua política era ser amigo dos brancos; pois que das boas relações com elles provinha a roupa com que se cobria, e as armas e a pólvora com que continha em respeito os seus inimigos".[62]

Fica claro que o significado da arma de fogo para os europeus era completamente diferente da compreensão que os africanos tinham da mesma. Isabel Castro Henriques afirma que é necessário, ao pensar África, "encarar as armas de fogo como instrumentos de trabalho, dotados de uma ampla polissemia: servem na caça, é certo, mas são utilizados para reforçar a importância dos cargos políticos, tal como decidem certas operações militares, ofensivas ou defensivas".[63] É preciso também se atentar à questão simbólica que envolvia a arma de fogo. Muitas vezes os africanos enxergavam os europeus como detentores de poderes mágicos simplesmente pelo fato de circularem portando objetos "estranhos" como as armas de fogo. Verney Lovett Cameron passou por uma experiência que deixa isso claro.

---

61 SERPA PINTO, A. *Como Eu Atravessei África, op. cit.*, vol.1, p. 77.

62 *Idem*, p. 60.

63 HENRIQUES, Isabel Castro. *Percursos da Modernidade em Angola, op. cit.*, p. 619.

HOMENS DE FERRO 167

> Muitos visitantes vieram para inspecionar nossos maravilhosos pertences – relógios, armas, pistolas, bússolas, etc – e um velho homem que era tio e pai adotivo do chefe, depois de olhar por um longo tempo com grande admiração disse: 'Oh esses homens brancos! Eles fazem todas essas coisas maravilhosas e sabem como usá-las. Certamente homens que sabem tanto nunca deveriam morrer; eles devem ser espertos o suficiente para fazer um remédio para deixá-los sempre jovens e fortes, para que assim eles não tenham nunca que morrer'. Eu acredito que o velho senhor tinha alguma ideia de que nós éramos alguns milhares de anos mais velhos e desenvolvemos armas, relógios e tudo isso de nossa consciência interna.[64]

Essa observação deixa claro que, muitas vezes, o simples fato de os africanos possuírem uma arma de fogo está ligado à aquisição desses poderes especiais dos europeus, que seriam transferidos para os nativos através do objeto. Entende-se assim porque, como já visto, parte dos africanos não utilizava propriamente de fato a arma de fogo.

As armas de fogo no século XIX

No século XIX a arma de fogo toma uma proporção muito maior na dinâmica das sociedades africanas. O que se percebe é que estas passam a ter uma maior utilização "prática" pelos africanos, isto é, as armas de fogo passam cada vez mais a serem utilizadas para atingir alguém ou algo.

É também no século XIX que a arma de fogo passa integrar "oficialmente" a lista de objetos de trocas em África. Pode-se afirmar que nesse período de expansão comercial com o interior africano longínquo, os europeus passaram a perceber as preferências dos africanos. Ou

---

64 CAMERON, V. *Across Africa, op. cit.*, vol. 1, p. 100. "Tradução minha"

seja, os europeus tinham que garantir que as mercadorias escolhidas para a realização de trocas por produtos africanos tivessem uma boa aceitação. Parte das caravanas comerciais dos europeus era organizada em função das solicitações africanas. O que ocorria era uma via de mão dupla: ao mesmo tempo em que os europeus buscavam corresponder às escolhas africanas, os nativos acabavam também aceitando os produtos que os europeus ofereciam a estes.

Outro dado importante de se destacar é que os fabricantes europeus produziam mercadorias exclusivamente voltadas para os africanos. Ou seja, na Europa foi organizada uma produção voltada para os negócios em África. Há registros de que alguns fabricantes de espingardas de Liège, na Bélgica, possuíam em seus catálogos modelos destinados apenas ao continente africano. [65]

A imagem abaixo mostra alguns modelos de armas dessa região destinados ao continente africano.

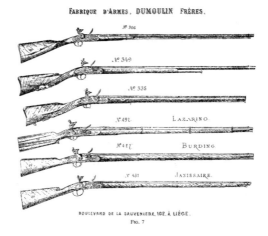

Alguns dos modelos de armas de fogo fabricadas em Liège e destinadas ao continente africano. *I Reunião Internacional de História da África*, op. cit., p. 206.

---

65 Para mais detalhes ver: HENRIQUES, Isabel Castro. *Percursos da Modernidade em Angola*, op. cit., p. 507.

Essa mudança no papel da arma de fogo se deve principalmente às transformações relacionadas ao comércio, introduzidas na região nesse período. O aumento da concorrência comercial entre as caravanas fez com que aumentasse, por exemplo, a violência. As caravanas, mais numerosas e com um número reduzido de componentes para se tornar mais rápida e ágil, passou a sofrer mais assaltos. Cada vez mais se tornou necessário o uso da arma de fogo como forma de proteção dos carregadores e, principalmente, das mercadorias. Ao longo do século XIX, o número de carregadores portando armas de fogo como forma de intimidação das ações de criminosos aumentou consideravelmente.

Carregadores portando armas de fogo, s/d. SANTOS, Maria Emília Madeira. *Nos Caminhos de África, op. cit.*, p. 54.

170 JULIANA RIBEIRO DA SILVA

Sobre os ataques às caravanas, Verney Lovett Cameron relata que encontrou uma que pediu a ele proteção. Segundo ele:

> Era composta por Wauyamwési que estava levando para casa o lucro do marfim vendido na costa. Mas passando por Rehenneko dois ou três dias depois que partimos, eles foram atacados e dispersados pelo chefe e população daquele local, e de acordo com eles – o que acredito que seja um grande exagero – eles perderam cinquenta ou sessenta cargas e oito ou dez homens.[66]

A grande procura do marfim pelos europeus, acompanhada pelo ressurgimento dos quiocos na história da África central como hábeis caçadores de elefantes, também assistiu a uma intensa incorporação da arma de fogo no abate desses animais. Assim, esses dois fatores, a segurança das caravanas e a caça ao elefante que fornecia o valorizado marfim, são determinantes para a maior integração das armas de fogo entre os africanos no século XIX, ligados à ideia de expansão do comércio de longa distância.

A expansão dos quiocos e a eclosão do marfim

O entendimento da ampla difusão das armas de fogo no século XIX, principalmente na região centro-africana, está associado ao crescente interesse dos portugueses pelo marfim. Uma série de fatores contribuiu para que o marfim se tornasse um dos principais produtos africanos desejado pelos estrangeiros. O principal dele está relacionado à própria expansão do comércio de longa distância e ao fim do tráfico de escravos. O comércio do marfim, no entanto, não teve início apenas no século XIX. Vansina afirma, por exemplo,

---

66 CAMERON, V. Across Africa, op. cit., vol. 1, p. 81. "Tradução minha"

HOMENS DE FERRO 171

que já no século XVI os portugueses comercializavam presas de elefantes na região de Loango.[67]

De qualquer forma, o comércio do marfim aumentou consideravelmente no século XIX e esse crescimento contou com a atuação dos quiocos, grandes responsáveis pelo fornecimento das presas dos elefantes nesse período.

Segundo os estudiosos, os primeiros testemunhos históricos que relatam a existência dos quiocos datam de fins do século XVIII, no entanto, é provável que estes já estivessem constituídos desde o século XVI. As suas origens estão ligadas aos lundas. Segundo a tradição oral, um ramo lunda, insatisfeito com as regras de sucessão, teria deixado o seu território para instalar-se em outra região. Com essa mudança, os quiocos não deixaram de ser controlados totalmente por um poder central, mas passaram a ter um forte individualismo familiar e, portanto, uma fragmentação de sua estrutura. Foi essa fragmentação do poder que permitiu uma maior liberdade de ação desses, que conseguiram realizar "operações comerciais sem estarem obrigados a dar conta de qualquer transação mais importante às autoridades lundas de tutela".[68]

Essa especificidade na forma de organização nos permite compreender, por exemplo, porque foi esse o povo que dominou a exploração do marfim. Essa "liberdade" de atuação dos quiocos fez com que eles se espalhassem por muitas regiões e dominassem o comércio. Os deslocamentos deles nunca se davam de forma aleatória ou espontânea. Eles sempre procuravam se instalar em regiões estratégicas no que diz respeito ao comércio ou às riquezas naturais (que permitissem, por exemplo, a exploração da borracha). Por volta de 1850, por exemplo, os quiocos começaram a se deslocar para o norte, próximo à margem

---

67 VANSINA, Jan. Long-distance Trade-routes in Central Africa. *The Journal of African History, op. cit.*, p. 379.

68 HENRIQUES, Isabel Castro. *Percursos da Modernidade em Angola, op. cit.*, p. 600.

172 JULIANA RIBEIRO DA SILVA

direita do rio Kwangu. Esse deslocamento está intimamente ligado aos rumos tomados pelas manadas de elefantes.

O momento crucial para os quiocos ocorreu, entretanto, em 1834, quando houve a quebra do monopólio real do marfim. Essa medida fez com que estes rapidamente passassem de bons caçadores para caçadores profissionais de elefantes.

Com isso, aconteceram grandes transformações nas técnicas de caça ao animal e as armas de fogo começaram a desempenhar um papel crucial para dar conta das demandas cada vez mais crescentes dos europeus. A ânsia pelo marfim cria uma situação não antes vista na África central: o fornecimento de armas modernas e eficazes. É difícil afirmar se o aumento da entrada de armas de fogo impulsionou a eclosão do marfim ou se foi o marfim que impulsionou o aumento das armas de fogo na África central. Entretanto, o que se pode afirmar é que as armas de fogo passaram a entrar até mesmo como forma de pagamento da presa do elefante. Henrique Dias de Carvalho, por exemplo, notou em fins do século XIX, que

> No Cambembe de Bungulo, dava-se ao caçador quioco Quimuango Matala: três barris de pólvora, duas armas lazarinas e seis peças de fazendas e no Luele matava ele poucos dias depois um elefante, do qual uma ponta ficou para o caçador e a outra para o abonador, tendo esta 78 libras de peso.[69]

Ou seja, o interesse dos portugueses pelo marfim era tão grande que eles próprios forneciam o instrumento de trabalho (arma e munição) que depois serviria como parte do pagamento, que era ainda complementado por peças de tecidos.

---

69 CARVALHO, Henrique Dias de. Apud. HENRIQUES, Isabel Castro. *Percursos da Modernidade em Angola*, *op. cit.*, p. 609.

Entretanto, os quiocos parecem não ter se deslumbrado com a constante presença de armas de fogo, tanto que pouco se importavam com a possibilidade de adquirirem armas mais modernas. Surpreendentemente, esses povos se mantiveram fiéis às armas de fogo de carregar pela boca, fabricadas em Liége.

Caçador quioco carregando arma de fogo. CAPELO, H; IVENS, R. *De Benguela às Terras de Iaca*, op. cit., p. 187.

174 JULIANA RIBEIRO DA SILVA

Essa inusitada "preferência" pelas armas de carregar pela boca, nos permite refletir sobre as possibilidades de escolhas dos africanos mesmo num momento marcado por grande pressão externa. Aliado a isso, nota-se também que o arco e flecha e as lanças envenenadas nunca foram abandonadas como armas de caça ao elefante. Lovett Cameron comenta que

> (...) Conhecemos um caçador de elefantes de Mombasa, esperando pelo retorno de homens que ele havia despachado para a costa com o marfim. Ele estava armado com arco e flechas tão fortemente envenenadas, que um ferimento profundo, ou dois superficiais, se provaram suficientes para matar um elefante.[70]

Aliás, uma característica marcante dos quiocos é justamente a capacidade de aliar a introdução das novidades vindas do exterior com as produções artesanais locais. Ou seja, o fato dos quiocos terem se especializado na caça ao elefante não excluiu a dedicação dos mesmos às atividades desenvolvidas anteriormente. É essa capacidade conciliadora que nos permite entender, por exemplo, a interação dos ferreiros quiocos com as armas de fogo, conforme será visto.

Se os quiocos conseguiram conciliar as suas próprias atividades com aquelas ligadas ao comércio com os europeus, já a relação que tinham com os elefantes foi totalmente transformada. Isabel Castro Henriques ressalta que

> O elefante foi sempre um animal fornecedor de carne, e que a questão essencial seria a de saber em que momento o mamífero se teria tornado interessante não em função da carne, mas antes devido ao marfim. Seria demasiado mecânico

---

70 CAMERON, V. *Across Africa, op. cit.*, vol. 1, p. 82. "Tradução minha".

como interrogação, tanto mais que o animal é miticamente estimado em função da sua força, da sua enorme capacidade física e associado a uma inteligência nem sempre amável. O parco número de manifestações artísticas em marfim parece provar – elas também – que não se tratava de uma matéria-prima particularmente apreciada pelos escultores.[71]

São também poucas as insígnias de poder confeccionadas utilizando o marfim. As descrições feitas pelos viajantes que estiveram na região central raramente apresentam informações sobre a existência desses objetos. De qualquer forma, é provável que, ao fabricá-los, os africanos tenham aproveitado as presas dos elefantes mortos por outras causas. Não se pode esquecer que a ideia de equilíbrio entre os reinos vegetal, mineral e animal, presentes na concepção de mundo dos africanos da região central, inicialmente impediria a matança indiscriminada de elefantes.

Mesmo após a nítida transformação da relação dos africanos com o elefante, a ideia de equilíbrio não foi totalmente esquecida. Prova disso é existência de rituais de sacralização das armas de fogo que seriam usadas nas matanças. Esses rituais não serviam apenas para os espíritos ajudarem o caçador a enfrentar o animal, mas também para evitar a fúria desses próprios espíritos.[72] A libação das armas com elementos extraídos da natureza era obrigatória antes do caçador seguir para caça. A decoração simbólica era, muitas vezes, realizada pelos ferreiros, através da incorporação dos elementos ligados ao mundo mineral.

---

71 HENRIQUES, Isabel Castro. *Percursos da Modernidade em Angola, op. cit.*, p. 335.

72 *Idem*, p. 618.

Os ferreiros e as armas de fogo

A intensificação da circulação das armas de fogo modificou consideravelmente a forma de atuação dos ferreiros da região centroafricana. Se durante muito tempo, esse profissional viu o seu trabalho basear-se na fabricação de armas (como facas e pontas de lanças) e objetos para agricultura (como machados e enxadas), no século XIX ele passou também a reparar e "decorar" (aqui no sentido de sacralizar, conforme exposto anteriormente) as armas de fogo, além de produzir projéteis.

Se cada vez mais, no decorrer do século XIX, a arma de fogo passou a estar associada à morte, o ferreiro era aquele que, ao consertá-la ou decorá-la, garantia, de certa forma, a vida daquele que a portava. Afinal, o assalto a uma caravana despreparada podia significar a morte ou o prejuízo comercial de seu proprietário, assim como a fúria de um elefante não podia ser contida se a espingarda de um caçador falhasse.

O ferreiro e a sua interação com as armas de fogo é também um exemplo de como o africano encontrou rapidamente formas para se integrar à nova realidade. Ao perceber a importância de sua tarefa ligada a esses objetos, esse profissional não mediu esforços para tirar proveito das oportunidades que surgiam.

Assim, o que se vê, no século XIX, é uma transformação no cotidiano desses profissionais. Mas a atuação dos ferreiros continuou múltipla. Não se pode afirmar que todos eles tenham abandonado suas antigas funções em nome de uma nova, mas a maioria mudou a sua rotina para suprir as novas demandas e solicitações. Conforme será visto, com a demanda pelo marfim, alguns ferreiros acabaram se deslocando para se integrarem às caravanas de caçadores, prestando-lhes auxílios no que diz respeito aos armamentos. Já outros, passaram a integrar o "circuito das guerras", isto é, buscavam as zonas de combates para consertar armas de fogo e fornecer outros tipos de armas aos combatentes.

HOMENS DE FERRO 177

Lovett Cameron, em suas andanças, encontrou uma caravana com cerca de vinte componentes, pertencente a um ferreiro que se deixou levar pela esperança de fazer fortuna em Unyanyembé reparando mosquetes durante a guerra com Mirambo.[73]

Alguns ferreiros também passaram a ser incorporados nas chamadas caravanas comerciais. Conforme já exposto anteriormente, o século XIX assistiu ao aumento da violência contra essas, sendo necessário o uso cada vez mais frequente das armas de fogo pelos componentes. E como grande parte das caravanas demorava até três anos para retornar ao seu lugar de origem, era necessário manter um profissional que estivesse disponível para garantir o constante funcionamento das armas e suprir a demanda por projéteis. Outro dado importante é que a itinerância das caravanas acabou possibilitando que esses ferreiros tivessem contatos com outros profissionais, possibilitando que trocassem técnicas e conhecimentos.

Em 1866, o soba Quipopa, de Lozi, pretendendo igualar o seu poderio tecnológico ao dos quimbares solicitou a Silva Porto que ali deixasse ficar o ferreiro que acompanhava a caravana. Assim,

> Este último transmitiu os seus ensinamentos a um lozi que, depois da sua morte, o substituiu. (...) o discípulo tomou posse de todos os utensílios da arte, sendo com eles que leva a cabo qualquer conserto de arma por ordem do suzerano.[74]

Mas independente do contato com outros ferreiros, o trabalho desse profissional na caravana não era pequeno se pensarmos que, em

---

73 CAMERON, V. *Across Africa, op. cit.*, vol. 1, p. 81. "Tradução minha"

74 S.G.L., "Espólio de Silva Porto", CX.1. Apontamentos para a minha última viagem, 1º. Caderno, p. 5. 29 de março de 1867. Apud. SANTOS, Maria Emília Madeira. *Nos Caminhos de África, op. cit.*, p. 259.

178 JULIANA RIBEIRO DA SILVA

1880, de acordo com Maria Emília Madeira Santos, considerava-se bem armada uma comitiva dispondo de cem armas.[75]

Mas apesar das mudanças ocorridas em relação às armas de fogo no século XIX, estas continuaram a ser vistas como objetos polissêmicos, pois permaneceram também sendo usadas como insígnia de poder, moeda de troca e até mesmo como parte do pagamento do dote da noiva. Silva Porto, ao se referir aos bienos, afirma que

> a joia para a aquisição da mulher que há de ser companheira do homem, (...), consta de dois panos finos de qualquer fazenda, uma cinta de morim ou algodão cru e a indispensável missanga fina de pescoço.[76]

A possibilidade de atuação do ferreiro em relação às armas de fogo não ocorria apenas num momento específico (no caso de guerras, por exemplo), mas também no cotidiano das populações. A associação da arma de fogo como insígnia de poder era tão comum que cada vez mais passou a fazer parte da lista de "presentes" que os europeus tinham que dar aos sobas em troca de permissões e favores. E muitas vezes após "ganhar" armas estas passavam por um processo de personalização, já que os objetos denominados insígnias de poder são aqueles que acompanham o soberano e ressaltam-no como aquele que difere dos demais homens. Afinal, ele é o intermediário entre o mundo visível e invisível, intercedendo junto aos ancestrais, além de ser através dele que os vivos recebem o fluxo vital. O soberano é considerado gera-

---

75 Santos, Maria Emília Madeira. Perspectiva do comércio sertanejo do Bié na segunda metade do século XIX. *Nos Caminhos de África, op. cit.*, p. 29.

76 Silva Porto, A. *Viagens e Apontamentos de um Portuense em África, op. cit.*, p. 177.

HOMENS DE FERRO 179

dor de vida e fecundidade que transmite a toda comunidade.[77] Talvez essa sua característica seja mais uma a aproximá-lo do ferreiro, cuja atividade está associada à fecundidade, como visto anteriormente. As decorações das armas de fogo também devem estar associadas à necessidade de sacralização das mesmas, assim como ocorria com as armas usadas pelos caçadores de elefantes. Num cortejo presenciado por Ivens e Capelo, nas cabeceiras do Cuango, eles relatam que na frente iam os músicos com seus tambores e marimbas e mais à frente, "a espingarda do soba, raíuna, longa, chapeada de folha de latão, e coberta a coronha de muitos fuma (pregos de cabeça amarela), era conduzida por outro, que pelo seu estado de nudez não parecia ter grande importância na corte".[78]

Não eram apenas os chefes e caçadores que possuíam armas personalizadas. Os carregadores das caravanas também agregavam materiais às suas armas, provavelmente também com a finalidade de obter proteção, conforme mostra a imagem abaixo.

---

77 SERRANO, Carlos. O imaginário e o sentido do apotropaico no simbolismo gráfico da arte africana. AREIA, M.L. Rodrigues; MIRANDA, M.A. (orgs.). *Perspectiva sobre Angola*. Departamento de Antropologia: Universidade de Coimbra, 2001, p. 20.

78 IVENS, R; CAPELO, H. *De Benguela às Terras de Iaca, op. cit.*, vol. 1, p. 160.

Carregador ganguela sentado sobre a carga, onde se apoia a sua arma de fogo decorada com tachas de latão amarelo na coronha, s/d. Santos, Maria Emília Madeira. *Nos Caminhos de África*, op. cit., p. 277.

Observando a descrição dos viajantes e as imagens, percebe-se que todo o trabalho de personalização da arma, principalmente por causa dos elementos de metal agregados, só poderia ter sido realizado por um ferreiro.

Já no que diz respeito à arma de fogo como moeda de troca, o ferreiro era aquele que, através do seu conserto, mantinha essa moeda sempre em circulação, afinal uma arma de fogo danificada passava a ser uma moeda perdida.

Somado a tudo isso, estava o fabrico do projétil, ou seja, da munição, que logo os ferreiros aprenderam a fazer, utilizando, no lugar do chumbo, o ferro. Na África central, se por um lado havia uma razoável

HOMENS DE FERRO 181

quantidade de armas de fogo, por outro lado, havia uma escassez, a que tudo indica intencional, de pólvora e de projéteis. Dessa forma, foram esses especialistas do ferro que acabaram por suprir essa necessidade, fazendo adaptações de acordo com os materiais disponíveis. No entanto, muitas vezes o uso do projétil de ferro não era apenas uma resposta à carência daquele feito em chumbo, mas uma opção, conforme nos mostra Serpa Pinto:

> Os Bhienos não usam balas de chumbo, que sam, dizem elles, muito pesadas, e fabricam-nas de ferro forjado. Os cartuxos, que elles fabricam também, levam 15 grammas de pólvora, e têm 22 centímetros de comprido.
> As balas de ferro sam de diâmetro muito inferior ao adarme, pesando apenas 6 a 7 grammas. Como sam forjadas, sam mais polyedros irregulares do que espheras.
> As armas assim carregadas, de nenhuma precisão, como se pode bem julgar, tem um alcance de cem metros apenas.
> O alcance da frecha é de 50 a 60 metros, mas a grosseira precisão do tiro de frecha, entre os pretos, não vai além de 25 a 30 metros. As azagaias sam todas de ferro, curtas e ornadas de pello de carneiro ou de cabra, não sam de arremesso, e o Bhieno em combate nunca as deixa na mão.[79]

Pode-se observar que mesmo a distância alcançada pelo projétil de ferro sendo menor (cerca de cem metros), ainda assim este vai mais longe que o arco e flecha. Até mesmo o próprio Serpa Pinto acabou necessitando dos serviços dos ferreiros para conseguir prosseguir sua viagem. Com dificuldade de sair do Bié, por não possuir armas suficientes nem munição, Serpa Pinto, que ganhou dez carabinas Snider de Ivens e Capelo, onze deixadas por Cameron no fim de sua viagem, além de

---

79 SERPA PINTO, A. *Como Eu Atravessei África, op. cit.*, vol. 1, p. 151.

182 JULIANA RIBEIRO DA SILVA

quatro mil cartuchos, possuía umas vinte espingardas de sílex, para as quais não possuía munição. A solução encontrada pelo Major foi:

> Fiz correr a noticia de que comprava tôdas as armas inutilizadas que me trouxessem. Principiaram a affluir ellas, e eu ia comprando as que poderia concertar, o que me não era difficil, por ter aprendido o officio de serralheiro e espingardeiro, com meu pai, que é hábil artífice, e que ainda hoje emprega as horas de ócio trabalhando na sua officina, mais bem montada que as d'aquelles que as têm por profissão.
>
> Esta pequena circunstância de ter aprendido um officio, servio-me de grande auxilio, e foi um dos pequenos ribeiros que veio engrossar o rio dos felizes resultados da minha tentativa.
>
> Assim, pois, mais um trabalho se veio juntar ao meu incessante labutar de tôdos os dias, e dentro em pouco pude aproveitar umas vinte-e-cinco espingardas que o gentio julgava inutilizadas.
>
> Faltavam as munições, e era preciso faze-las. Em casa de Silva Porto encontrei uma colecção completa da Gazeta de Portugal, e n'ella o papel necessário aos cartuxos. Nas cargas que esperava de Benguella devia vir muita pólvora, e por isso apenas me faltavam as balas. Obter chumbo era impossível, e decidi logo fazer balas de ferro forjado. Faltava o ferro é verdade, mas esse era possível obter-se.[80]

A sorte de ser filho de ferreiro e, portanto ter vivenciado o trabalho da forja fez com que Serpa Pinto tenha conseguido consertar as armas que comprou. Não fica claro no relato qual foi o pagamento por cada arma, mas nota-se que os nativos apenas venderam armas que julgavam inutilizadas.

---

80 *Idem*, p. 154.

HOMENS DE FERRO 183

A experiência de Serpa Pinto adquirida com o pai ferreiro não permitia, entretanto, que ele fabricasse projéteis de ferro. Para resolver tal problema, Serpa Pinto acabou contratando quatro ferreiros para realizar a tarefa:

> Anunciei que comprava todo o ferro velho que me trouxessem, e não tardou a aparecer grande quantidade de enxadas inutilizadas, e sobre tudo de arcos de barris de água-ardente. Só suspendi a compra de ferro quando tinha uns duzentos kilogrammas. Mandei chamar 4 ferreiros do paiz, estabeleci duas forjas indígenas no pateo interior, com grande escândalo da preta Rosa, administradora da povoação de Belmonte. E em quanto, fora da libata, os meus pretos faziam carvão queimando os restos de uma paliçada de páu ferro, de uma libata abandonada, começou no pateo um forjar contínuo. O primeiro trabalho a fazer era reduzir todo aquelle ferro a varão cylíndrico do diâmetro das balas. Os ferreiros haviam-se com grande destreza. Dobravam os arcos em molhos de 20 centímetros de comprido por 4 de espessura, e levando-os ao rubro, mergulhavam-nos em uma massa de caliça e água. Depois de frios voltavam á forja, e chegados á tempera da fusão eram facilmente caldeados, tornando-se em massa única e homogênea. Depois d'isso o trabalho era fácil. (...) No dia 25, tinha eu dez mil balas, ou antes dez mil bocados de ferro, toscamente forjados, com pretenções a terem uma forma esphérica. Era o que me bastava, e despedi os ferreiros.[81]

A destreza com que os ferreiros contratados realizaram o trabalho foi reconhecida pelo próprio Serpa Pinto. Ainda mais se pensarmos que

---

81 *Idem.*

184 JULIANA RIBEIRO DA SILVA

a tarefa foi desempenhada num lugar onde os ferreiros não costumavam trabalhar. O conhecimento em fabricar projéteis de ferro e a capacidade de trabalhar num local não costumeiro, reforça a capacidade de adaptação desses ferreiros frente à nova realidade. Há ainda um fator que já foi mencionado anteriormente, a diminuição do tempo para a realização do trabalho, já que Serpa Pinto tinha pressa em deixar o Bié. Muitos ferreiros aprenderam ainda a reproduzir parte das armas de fogo. Silva Porto afirma em 1847, por exemplo, que em Mutamjamba, a maior parte dos habitantes possui armas de fogo, sendo exímios no fabrico das coronhas.[82] Já em 1858, o sertanejo afirma ainda que os povos da tribo bambueira "manejam sofrivelmente as armas de fogo, que, com exepção do cano, fabricam perfeitamente, melhor que nenhuma outra tribu".[83] Ivens e Capelo também observaram que os ganguelas são ferreiros notáveis. "Reproduzem e consertam com a maior facilidade quaisquer artigos que se lhes apresentem. Fecharias, canos de espingardas, zagaias, facas, enxadas, tudo constroem, permutando-as pelo mato".[84]

Os ferreiros quiocos também eram reconhecidos pela sua competência técnica. Segundo Isabel Castro Henriques,

> Os Quiocos foram capazes de assegurar uma transferência das técnicas do ferreiro para este instrumento que levou alguns anos a tornar-se indispensável. As fontes europeias repetem frequentemente o elogio dos ferreiros quiocos, capazes de reparar as espingardas, constantemente recicladas, de maneira a reduzir a dependência dos africanos em relação aos fornecedores europeus.[85]

---

82 SILVA PORTO, A. *Viagens e Apontamentos de um Portuense em África, op. cit.,* p. 68.

83 *Idem,* p. 136.

84 IVENS, R; CAPELO, H. *De Benguela às Terras de Iaca, op. cit.,* vol. 1, p. 105.

85 HENRIQUES, Isabel Castro. *Percursos da Modernidade em Angola, op. cit.,* p. 618.

HOMENS DE FERRO 185

Ou seja, os quiocos conseguiram a proeza de manter uma certa independência no que diz respeito à dinâmica de produção do marfim e, consequentemente, à pressão portuguesa. Eles, de certa forma, não alimentaram o jogo português de trocar armas por marfim, ou seja, armas para dar conta de fornecer mais marfim aos portugueses. Afinal, no momento em que os próprios ferreiros quiocos compreenderam a manufatura da arma de fogo, estes, de certa forma, interromperam essa lógica, que interessava somente aos portugueses. Isto é, os ferreiros quiocos, ao conseguirem estender a vida dessas armas, faziam com que os portugueses fossem obrigados a oferecer aos caçadores outros tipos de produtos, que não serviriam apenas para alimentar a própria produção do marfim. Dessa forma, ainda no século XIX, o comércio feito em terras centro-africanas era pautado em grande parte pelos agentes nativos, no que diz respeito ao tipo de mercadorias a serem trocadas.

Não é por acaso que alguns ferreiros passaram a acompanhar os caçadores em suas investidas. A importância da figura do ferreiro para os quiocos também está explícita na planta de uma aldeia do mesmo povo mostrada no primeiro capítulo, onde a forja está localizada na parte central da aldeia, muito próxima à *tsota*, ou seja, à cubata dos homens.

Ficou claro, com o exemplo da incorporação das armas de fogo na África central, que os ferreiros são figuras que possuem uma grande plasticidade, ou seja, eles conseguem, muito rapidamente, se atualizar perante as novidades vindas do exterior e às próprias transformações sociais e ainda tirarem proveito destas. Entretanto, essa característica não passou a existir somente após o contato mais intenso com os europeus. É preciso lembrar novamente que os ferreiros sempre tiveram a necessidade de circular e trocar novas tecnologias com profissionais de diferentes procedências. Eles são exemplos privilegiados da frequentemente mencionada plasticidade das

186 JULIANA RIBEIRO DA SILVA

culturas africanas, sendo uma das características dessas sociedades a incorporação das novidades com as quais são postas em contato, desde antes da chegada dos europeus em suas terras, e que continuou existindo mesmo com as intensas e rápidas transformações provocadas pela presença destes.

Considerações Finais

O surgimento da metalurgia do ferro na África central proporcionou intensas modificações nas sociedades africanas. As ferramentas de agricultura feitas desse metal contribuíram para o aumento da produção, enquanto as armas de ferro ajudaram no poder de defesa e combate dos inimigos. Por outro lado, a mulher, responsável pelo cultivo da terra, passou por um processo de dependência não antes visto, pois as ferramentas que eram feitas por elas próprias, geralmente de madeira, passaram a ser substituídas por aquelas produzidas por homens especialistas na arte de fundir o ferro. Esses e outros fatores contribuíram para colocar os ferreiros num lugar privilegiado dentro das sociedades.

Os mitos relacionados à figura do ferreiro, disseminados na África central, são capazes de oferecer elementos que justificam esse status. A maior parte deles explicita que o conhecimento da metalurgia do ferro foi ensinado por um ser sobrenatural. Essa intrínseca associação entre metalurgia e mundo invisível revelada nos relatos míticos serve não apenas para exaltar o ofício, mas também para mostrar o lugar de cada um dentro da sociedade.

188 JULIANA RIBEIRO DA SILVA

Assim, o trabalho do ferreiro, além de ser exclusivamente masculino, é cercado por segredos inacessíveis à maioria. A ideia de transformar a natureza requer, por si só, um grande preparo espiritual. A visão de mundo baseada no equilíbrio entre homem e natureza exige desse profissional não apenas o conhecimento profundo do meio-ambiente, mas também das forças espirituais que o regem.

Tanto destaque destinado a um grupo de pessoas fez com que, em muitos momentos da história da África central, os ferreiros não só estivessem associados ao poder, eles eram o próprio poder. A ideia do rei-ferreiro, bastante disseminada nessa região, ajudava a legitimar a posição de chefes, que muitas vezes nem conheciam o trabalho do ferro. Outros chefes perceberam que incluir a figura do ferreiro como herói fundador de um reino também contribuía para a legitimação do seu próprio poder.

Muitas vezes, só o fato de controlar uma mina de ferro já garantia a permanência do posto de um rei. Assim, associar a figura do ferreiro à de alguém significava agregar poder e orgulho. Não é coincidência que em muitas cerimônias de entronização ou de morte de chefes havia a participação desses profissionais. Muitas insígnias de poder de reis eram as próprias ferramentas de trabalho desses homens, como a bigorna, que eram expostas publicamente para que todos os súditos imediatamente associassem a realeza ao poder exercido por esses especialistas.

Foi essa construção já consolidada da figura do ferreiro que os europeus encontraram quando desembarcaram no continente africano. Daí a grande dificuldade dos estrangeiros terem acesso aos lugares dessas minas de ferro e aos processos que envolviam o trabalho. A hostilidade dos africanos aliada à falta de conhecimento técnico e de profissionais europeus preparados fez com que se tornasse praticamente impossível durante séculos qualquer forma sistemática de exploração dos minerais africanos, como o ferro. Mesmo no século XIX, em que os europeus tentaram retomar o trabalho das mesmas minas de séculos anteriores, na maior parte das vezes as tentativas foram fracassadas. De qualquer forma, o trabalho dos ferreiros ganhou grande visibilidade nesse período. Se a exploração dos minerais nem sempre foi bem sucedida, o acirramento do comércio lícito exigiu a ampla participação das comunidades locais, inclusive dos ferreiros, que já estavam inseridos nas redes de comércio existentes desde bem antes da chegada dos europeus.

Os artigos de ferro, principalmente as enxadas, sempre estiveram na lista das mercadorias preferenciais dos africanos. Assim, os ferreiros conseguiam tirar muitas vantagens econômicas ao cobrar preços considerados elevados. Os próprios viajantes tiveram, em muitos momentos, que realizar trocas comerciais cujas enxadas eram a moeda principal.

A entrada de mercadorias europeias, como as armas de fogo, não prejudicou o trabalho desses especialistas, pois, além dos africanos não terem substituído as armas tradicionais pelas armas de fogo, rapidamente esses profissionais desenvolveram as técnicas necessárias não apenas para consertá-las, mas também para reproduzi-las.

Esse conhecimento, desenvolvido rapidamente por esses ferreiros, ampliou ainda mais as suas formas de trabalho. O aumento da violência ocasionado pela concorrência comercial exigiu a presença cada vez mais constante de ferreiros nas caravanas comerciais para manter as armas de fogo portadas pelos carregadores em pleno funcionamento. É importante lembrar que muitas caravanas demoravam anos até retornarem aos seus lugares de origem.

A eclosão dos negócios do marfim e a emergência dos quiocos também resultaram numa maior utilização de armas de fogo. Os portugueses forneciam aos caçadores armas de fogo modernas para serem utilizadas no abate de elefantes. Assim, a incorporação dos ferreiros nos acampamentos dos caçadores tornou-se cada vez mais necessária. Esses ferreiros tinham o papel não apenas de manterem essas armas em pleno funcionamento, mas eram também responsáveis pela "sacralização" das mesmas através da agregação de materiais ligados à proteção dos espíritos.

Outros ferreiros também perceberam que os negócios ligados às armas de fogo eram bastante vantajosos e passaram a percorrer as regiões em conflitos para consertar as armas utilizadas pelos combatentes e fornecer outras. Esses profissionais chegaram até mesmo a fabricar projéteis feitos em ferro para suprir a irregularidade do fornecimento desses pelos europeus. Apesar do alcance desses projéteis ser menor em comparação com aqueles produzidos em chumbo, ainda alcançavam maiores distâncias que as flechas disparadas dos arcos.

É preciso lembrar ainda que durante todo o século XIX houve o envio de ferro para Portugal. Tudo indica que o metal enviado fora vendido pelos próprios africanos e não extraído pelos portugueses, que fracassaram na exploração das minas, contribuindo ainda mais para o aumento dos serviços desempenhados pelos ferreiros.

Os ferreiros são, certamente, figuras que sintetizam os processos vividos na África central no século XIX. A inserção desses homens, desde longuíssima data, nas mais variadas esferas da sociedade fez com que as transformações, tanto internas quanto externas, ocorridas nesse momento, os afetassem de inúmeras formas. Os múltiplos papéis desempenhados pelos ferreiros dentro de suas próprias comunidades acabaram facilitando a adaptação desses às novas realidades. Além disso, sempre fez parte do trabalho desses profissionais a circulação por regiões longínquas, habitadas por povos culturalmente distintos, mas que possuíam em comum a necessidade do ferro. Por isso, lidar com o desconhecido e com o novo nunca representou um problema para esses homens.

Os viajantes pesquisados comentaram em várias passagens de seus relatos a presença de ferreiros por onde circulavam. Outros ficaram embasbacados com os resquícios de trabalho do ferro por onde passavam, dando a entender que além deles serem numerosos estavam sempre circulando.

HOMENS DE FERRO 191

Os ferreiros conseguiram, na maior parte do tempo, aliar os seus valores tradicionais àqueles que adentravam o continente com uma velocidade cada vez maior. Isso significou, em muitas situações, recusas e tensões, em outras, concessões. As tentativas dos portugueses de transformar a maneira como esses produziam o ferro, visando aumentar a produção da Fábrica de Ferro de Nova Oeiras, por exemplo, foram mal-sucedidas, mas, a incorporação de ferramentas de trabalho de origem europeia, como as limas, foi realizada sem conflitos.

O fato é que os ferreiros nunca tiveram problema em incorporar o novo, mas a condição era a não perturbação da noção de organização do mundo baseada no equilíbrio entre homem e natureza. Assim, aumentar a produção do ferro significaria desequilibrar o mundo mineral, enquanto incorporar novas ferramentas de trabalho serviria apenas para dinamizar ou facilitar alguma parte do processo do trabalho.

Por esse motivo, os ferreiros produziam apenas o ferro que eles achavam necessário para suprir as demandas, o que acabava também contribuindo para manter os preços elevados. A falta de conhecimento técnico certamente não era o motivo, afinal o ferro africano era considerado de altíssima qualidade diante daquele produzido na Europa. Os próprios viajantes europeus relataram o orgulho que os africanos possuíam pelo próprio ferro. O ferro inglês, considerado por eles "podre", foi durante muito tempo rejeitado.

O século XIX significou para os ferreiros um período de grande esplendor da profissão. Esses profissionais souberam aproveitar as oportunidades e ampliar ainda mais os seus papéis, de forma inédita. Entretanto, a primazia desses especialistas teve o seu declínio ainda nas últimas décadas desse século.

Ao longo de todo o século XIX, os europeus introjetaram, nas sociedades africanas, mercadorias, valores e ideias que, a longo prazo, resultaram na perda de hegemonia desses povos. A industrialização cada vez mais em evidência nos países europeus contribuiu para que as mercadorias estrangeiras chegassem ao continente africano com preços ainda mais baixos, culminando numa situação em que as indústrias locais não conseguiam mais competir com essas mercadorias. Os artigos de ferro africanos sempre tiveram a preferência das populações locais, que conforme citado anteriormente, chegaram a rejeitar o ferro estrangeiro. Essa substituição se deu apenas quando a competição se tornou extremamente desigual.

Os fatores ambientais certamente também devem ter contribuído para o declínio do ofício do ferreiro ainda em fins do século XIX, mas, essa pesquisa não enveredou por esse caminho.

Mesmo com a existência de importantes trabalhos sobre os ferreiros na África central, existem ainda muitas lacunas a serem preenchidas. As maiores dificuldades em preenchê-las certamente estão relacionadas às fontes. Os ferreiros são constantemente citados nos documentos, mas, na maioria das vezes, de forma vaga e imprecisa.

Outro fator importante é que as fontes foram escritas por europeus e não pelos próprios africanos. Elas estão impregnadas por valores preconceituosos e devem ser analisadas com muita cautela.

Esse trabalho teve como objetivo oferecer algumas reflexões sobre o papel dos ferreiros na África central no século XIX. A compreensão dessas figuras é fundamental para entendermos não apenas um ofício considerado de extrema importância para os próprios africanos. Pelo acima exposto, fica claro que os ferreiros africanos são peças fundamentais para o próprio entendimento da História da África em vários de seus aspectos.

Bibliografia

ALEXANDRE, Valentim. *Velho Brasil novas Áfricas. Portugal e o Império (1808-1975).* Porto: Edições Afrontamento, 2000.

ALEXANDRE, Valentim; DIAS, Jill (coords.). *O Império Africano. 1825-1890.* Lisboa: Editorial Estampa, 1998.

AMORIM, Maria Adelina. A Real Fábrica de Ferro de Nova Oeiras. Angola, Séc. XVIII. *Clio* – Revista do Centro de História da Universidade de Lisboa. Nova Série 9 (Segundo semestre de 2003), p. 189-216.

APARÍCIO, Maria Alexandra. Política de boa vizinhança: os chefes locais e os europeus em meados do século XIX. O Caso do Dombe Grande. *II RIHA.* 1996.

AUSTEN, Ralph A.; HEADRICK, Daniel. The role of technology in the african past. *African Studies Review*, vol. 26, n. ¾ (set.-dez., 1983), p. 163-84.

194 JULIANA RIBEIRO DA SILVA

BALANDIER, Georges. *A Desordem. Elogio do Movimento*. Rio de Janeiro: Bertrand Brasil, 1997.

_____. *La Vie Quotidienne au Royaume de Kongo du XVI au XVIII siècle*. Monaco: Hachette, 1965.

BARROCAS, Deolinda; SOUSA, Maria de Jesus. As Populações do Hinterland de Benguela e a Passagem das Caravanas Comerciais (1846-1860). *II RIHA*, (1996), p. 95-107.

BEBIANO, J. Bacellar. *Notas sobre a Siderurgia dos Indígenas de Angola e de Outras Regiões Africanas*. Lisboa: Diamang, 1960.

BELCHER, Stephen. *African Myths of Origin*. Londres: Penguin Books, 2005.

BIRMINGHAM, David. *Central Africa to 1870*. Nova York: Cambridge University Press, 1994.

_____. O comércio sertanejo em Angola no século dezenove. *Revista Internacional de Estudos Africanos*, n. 10 e 11 (jan.-dez., 1989), p. 283-8.

_____. *Portugal e África*. Lisboa: Vega, 2003.

BITHENCOURT, Francisco; CHAUDHURI, Kirti (orgs). *História da Expansão Portuguesa*. Navarra: Temas e Debates, 1998, vol. 1.

_____. *História da Expansão Portuguesa*. Navarra: Temas e Debates, 1998, vol. 4.

HOMENS DE FERRO 195

BOXER, Charles R. *O Império Marítimo Português*. São Paulo: Companhia das Letras, 2006.

CHILDS, S. Terry. Style, Technology, and Iron Smelting Furnaces in Bantu Speaking Africa. *Journal of Anthropological Archaeology*, vol. 10, n. 4, 1991.

CURTIN, Philip D. *Cross-Cultural Trade in World History*. Cambridge: Cambridge University Press, 1998.

DETIENNE, Marcel. *Mito/Rito. Enciclopédia Einaudi*. Lisboa: Imprensa nacional – Casa da Moeda, 1987.

DIAS, Gastão Sousa. *Manuel Cerveira Pereira*. Lisboa: Divisão de Publicações e Biblioteca, 1940.

DIAS, Jill R. Estereótipos e Realidades sociais: Quem eram os ambaquistas? *ACTAS do II Seminário Internacional sobre História de Angola*. Luanda: Comissão Nacional para as Comemorações dos Descobrimentos portugueses, 1997.

_____. *O Kabuku Kambilu (c.1850-1900): uma identidade política ambígua. Actas do Seminário Encontro de Povos e Culturas em Angola*. Luanda: Comissão Nacional para as Comemorações dos Descobrimentos portugueses, 1995.

_____. Relações Econômicas e de Poder no Interior de Luanda ca. 1850-1875. *I Reunião Internacional de História de África*. Lisboa: Instituto de Investigação Científica, 1989.

_____. Changing Patterns of Power in the Luanda Hinterland. *Paideuma*, 32, 1985.

196 JULIANA RIBEIRO DA SILVA

ELIADE, Mircea. *Ferreiros e Alquimistas*. Lisboa: Relógio d'água, s/d.

_____. *Mito e Realidade*. São Paulo: Perspectiva, 2006.

FRANCO JUNIOR, Hilário. *A Erva Barbada*. São Paulo: Edusp, 1996.

GOUCHER, Candice L. Iron is Iron Til it is Rust: Trade and Ecology in the Decline of West African Iron-Smelting. *The Journal of African History*, vol. 22, n. 2 (1981)

HAMA, Boubou & KI-ZERBO, J. Lugar da História na sociedade africana. In: KI-ZERBO, J. (coord.). *História Geral da África*, vol. I. São Paulo: Ática/Unesco, 1980.

HAMBLY, Wilfrid Dyson. Occupational Ritual, Belief, and Custom among the Ovimbundu. *American Anthropologist*, New Series, vol 36, n. 2 (abr.-jun., 1934), 157-67.

HEINTZE, Beatrix. Angola nas Garras do Tráfico de Escravos: As Guerras do Ndongo (1611-1630). *Revista Internacional de Estudos Africanos*. n. 1, (jan.-jun., 1984), p. 11-59.

_____. Angola under portuguese rule: how it all began: settlement and economy policy 1570-1607. *Africae Monumenta: A apropriação da Escrita pelos Africanos*. Lisboa: IICT, 2002, vol. 1, Estudo 3.

_____. *Pioneiros Africanos*. Lisboa, Editorial Caminho, 2004.

HENRIQUES, Isabel Castro. Armas de fogo em Angola no século XIX: Uma Interpretação. *I Reunião Internacional de História da África*. Lisboa: Instituto de Investigação Científica e Tropical, 1989.

_____. *Percursos da Modernidade em Angola: Dinâmicas Comerciais e Transformações Sociais no Século XIX*. Lisboa: Instituto de Investigação Tropical; Instituto da Cooperação Portuguesa, 1997.

_____. Presenças Angolanas nos Documentos escritos portugueses. *ACTAS do II Seminário Internacional sobre a História de Angola*. Luanda: Comissão Nacional para as comemorações dos descobrimentos Portugueses, 1997.

_____. *O Pássaro do Mel. Estudos de História Africana*. Lisboa, Colibri, 2003.

HERBERT, Eugenia. *Iron, Gender and Power*. Bloomington/ Indianopolis: Indiana University Press, 1993.

_____. *Red Gold of Africa*. Wisconsin, The University of Wisconsin Press, 1984.

HERNANDEZ, Leila Leite. *A África na Sala de Aula*. São Paulo: Selo Negro, 2005.

HEYWOOD, Linda M. (ed.) *Central Africans and Cultural Transformations in the American Diaspora*. Cambridge, Cambridge University Press, 2002.

ISICHEI, Elizabeth. *A History of African Societies to 1870*. Nova York: Cambridge University Press, 1997.

198 JULIANA RIBEIRO DA SILVA

JEFFREYS, M. D. W. Some Notes on the Bikom Blacksmiths. *Man*, Vol. 52 (Abril, 1952), p. 49-51.

KRIGER, Colleen E. *Pride of Men. Ironworking in 19th Century West Central Africa*. Porthsmouth/N.H: Heinemann, 1999.

LÉVI-STRAUSS, Claude. Como morrem os mitos. *Antropologia Estrutural Dois*. Rio de Janeiro: Tempo Brasileiro, 1976.

LOVEJOY, Paul E. *A Escravidão na África. Uma história de suas transformações*. Rio de Janeiro: Civilização Brasileira, 2002.

_____. The Impact of the Atlantic Slave Trade on Africa: A review of the literature. *Journal of African History*, 30 (1989), p. 365-94.

M'BOKOLO, Elikia. *África Negra. História e Civilizações*. Tomo I. Lisboa, Vulgata: 2003.

MACGAFFEY, Wyatt. *Religion and Society*. Chicago: The University of Chicago Press, 1986.

MACHADO, Monica Torvo Soares. *Angola no período pombalino: O governo de Dom Francisco Inocêncio de Sousa Coutinho – 1764-1772*. Dissertação de mestrado apresentada à Faculdade de Filosifia, Letras e Ciências Humanas da Universidade de São Paulo. São Paulo, 1998.

MARGARIDO, Alfredo. Algumas formas de Hegemonia Africana nas relações com os europeus. *I Reunião Internacional de História da África*. Lisboa: Instituto de Investigação científica e Tropical, 1989.

MARQUES, A.H. de Oliveira. *História de Portugal. Do Renascimento às Revoluções Liberais*, vol. II. Lisboa: Editorial Presença, 1998.

MCNAUGHTON, Patrick. *The Mande Blacksmiths*. Bloomington: Indiana University Press, 1988.

MILLER, Duncan E. & VAN DER MERWE, Nikolaas J. Early Metal Working in Sub-Saharan Africa: A Review of Recent Research. *Journal of African History*, vol. 35, n. 1, (1994).

MILLER, Joseph C. *Poder Político e Parentesco*. Luanda: Arquivo Histórico Nacional, 1995.

_____. *Way of Death*. Wisconsin: The Wisconsin University Press, 1988.

MOURÃO, Fernando Augusto Albuquerque. As duas vertentes do processo no século XIX: Idealismo e Realismo. *I Reunião Internacional de História da África*. Lisboa: Instituto de Investigação Científica Tropical, 1989.

O' LEARY, Michael. Le status des forgerons. *Journal of the International African Institute/Revue de l'Institut Africain Internnational*, vol. 53, n. 1, 1983.

OLIVIER, Roland. *A Experiência Africana*. Rio de Janeiro: Zahar, 1994.

OLIVER, Roland & ATMORE, Anthony. *Africa since 1800*. Nova York: Cambridge University Press, 1994.

200 JULIANA RIBEIRO DA SILVA

OLIVER, Roland & Fage, J. D. *Breve História da África*. Lisboa: Livraria Sá da Costa, 1980.

PEDREIRA, Jorge Miguel Viana. *Estrutura Industrial e Mercado Colonial. Portugal e Brasil (1780-1830)*. Portugal: Difel, 1994.

PHILLIPSON, D.W. The Chronology of the Iron Age in Bantu Africa. *The Journal of African History*, vol. 16, n. 3 (1975)

REDINHA, Jose. *Campanha Etnográfica ao Tchiboco*. Lisboa, 1953.

REGO, Antonio da Silva. A Academia Portuguesa da História e o II Centenário da Fábrica de Ferro em Nova Oeiras, Angola. *Academia Portuguesa da História. Estudos de História Luso-africana e oriental*. Lisboa, 1994.

REID, Andrew & Mac Lean, Rachel. Symbolism and the social contexts of iron production in Karagwe. *World Archaeology. Simbolic Aspects of Early Technologies*, vol. 27, n. 1, junho de 1995.

SANTOS, Maria Emilia Madeira. *Nos Caminhos de África. Serventia e Posse*. Lisboa: Instituto de Investigação Científica Tropical, 1998.

SERRANO, Carlos Moreira Henriques. Poder, símbolos e imaginário social. *Angola*. Coimbra: Centro de Estudos africanos, 1983.

_____. O imaginário e o sentido do apotropaico no simbolismo gráfico da arte africana. AREIA, M.L. Rodrigues; MIRANDA, M.A. (orgs.). *Perspectiva sobre Angola*. Departamento de Antropologia: Universidade de Coimbra, 2001.

HOMENS DE FERRO **201**

SILVA, Alberto da Costa e. *A Manilha e o Libambo*. Rio de Janeiro: Nova Fronteira: Fundação Biblioteca Nacional, 2002.

SOUZA, Marina de Mello e. Catolicismo e Comércio na Região do Congo e de Angola, Séculos XVI e XVII. CAMPOS, Adriana Pereira; FLORENTINO, Manolo; FRAGOSO, João; SAMPAIO, Antonio Carlos Jucá de (orgs). *Nas rotas do Império: eixos mercantis, tráfico e relações sociais no mundo português*. Ilha de Vitória: Edufes; IICT, 2006.

THORNTON, John K. *The Kingdom of Kongo*. Wisconsin: The University of Wisconsin Press, 1983.

_____. *Warfare in Atlantic Africa, 1500-1800*. Londres: Nova York: Routledge, 1999.

VANSINA, Jan. *How Societies are Born.Governance in West Central Africa before 1600*. Charlotte Ville e Londres: University of Virginia Press, 2004.

_____. *La Tradición Oral*. Barcelona: Editorial Labor, 1968.

_____. Long-Distance Trade-routes in Central Africa. *The Journal of African History*, vol. 3, n. 3. (1962).

_____. *Paths in the Rainforests*. Wisconsin: The University of Wisconsin Press, 1990.

WAINWRIGHT, G. A. The Coming of Iron to Some African Peoples. *Man*, vol 42 (set.-out., 1942).

Fontes

ANGOLANA. *Documentação sobre Angola*. Luanda: Instituto de Investigação Científica de Angola/ Lisboa: Centro de Estudos Históricos Ultramarinos, 1971.

CADORNEGA, Antônio de Oliveira de. *História Geral das Guerras Angolanas*. Tomo I. Lisboa, Agência Geral do Ultramar, 1972.

CAMERON Verney Lovett. *Across Africa*. Londres: Daldy, 1877, vol. 1 e 2.

CAPELO, Hermenegildo; IVENS, Roberto. *De Benguela às Terras de Iaca*. Portugal: Publicações Europa-América, s/d, vol. 1 e 2.

CASA DE PORTUGAL. *Angola. Apontamentos sobre a Colonização dos Planaltos e Litoral do Sul de Angola*. Documentos. Tomos I, II e III. Portugal: Divisão de Publicações e Biblioteca Agência Geral das Colônias, 1940.

204 JULIANA RIBEIRO DA SILVA

DU CHAILLU, Paul Belloni. *Voyages et Aventures dans L'Afrique Équatoriale*. Paris: INLCO/AUPELF, 1975.

ESCHWEGE, W.L. Von. *Pluto Brasiliensis*. Belo Horizonte: Itatiaia; São Paulo: Edusp, 1979, vols. 1 e 2.

IEB. Coleção Lamego. Códice 82.

IEB. Coleção Lamego. Códice 83.

LIVINGSTONE, David. *Viagens de Exploração no Zambeze e na África Central*. Porto, Livraria Universal, 1880.

MONTECÚCCOLO, Antônio Cavazzi de. *Descrição histórica dos três reinos do Congo, Matamba e Angola*. Lisboa: Junta de investigações do Ultramar, 1965.

SERPA PINTO, Alexandre Alberto de. *Como Eu Atravessei África*. Londres: Sampson Low, Marston, Searle e Rivington editores, 1881, vol. 1 e 2.

_____. *De Angola à Contra Costa*. Portugal: Publicações Europa-América, s/d."Espólio de Silva Porto", cx. 1, cad. 4, p. 6, 10 de julho de 1884" *Apud*. SANTOS, Maria Emília Madeira. *Nos Caminhos de África*. Lisboa: Instituto de Investigação Científica Tropical, 1998.

SILVA PORTO, Antonio Francisco da. *Viagens e Apontamentos de um Portuense em África*. Portugal: Divisão de Publicações e Biblioteca/Agência Geral das Colônias, 1942.

Agradecimentos

São inúmeras as pessoas que contribuíram para a realização desse trabalho. Primeiramente, gostaria de agradecer enormemente à minha orientadora, Prof. Dra. Marina de Mello e Souza, grande exemplo de amor ao conhecimento, não apenas pela confiança em mim depositada, mas pela dedicação e generosidade demonstradas durante todos os momentos.

Gostaria de agradecer à Profa. Dra. Maria Cristina Wissenbach pelas sugestões bibliográficas durante todos esses anos, além das preciosas contribuições feitas durante a banca de exame de qualificação. Ao Prof. Dr. Robert Slenes, a minha gratidão pelas importantíssimas observações e sugestões igualmente feitas durante a banca de exame de qualificação.

Minha gratidão à Profa. Dra. Laura de Mello e Souza, pelo grande apoio quando eu ainda não sabia por qual caminho seguir. À Profa. Dra. Júnia Ferreira Furtado pelo acolhimento caloroso nas Minas Gerais. À Profa. Dra. Marta Heloísa Leuba Salum, minha grande amiga, por ter sempre se lembrado de mim.

À Eliane, bibliotecária da Casa de Portugal, meu muito obrigada pela dedicação e compreensão pelos constantes atrasos na devolução dos livros emprestados. À Casa das Áfricas, por compartilhar seu precioso acervo bibliográfico.

Gostaria de agradecer o apoio dos meus colegas de trabalho e dos meus amigos, especialmente, a minha grande amiga Rosana Gonçalves, pela dedicação incondicional e por ter caminhado comigo durante toda a jornada. Aos meus pais e à minha irmã, obrigada pelo enorme apoio e por terem compreendido a minha ausência em momentos importantes.

Agradeço à Fapesp pelo importante apoio que possibilitou a publicação dessa pesquisa.

Agradeço a equipe da Alameda Editorial pelo empenho na publicação desta obra.

E finalmente, gostaria de agradecer ao meu querido companheiro Gabriel, por ter aguentado os meus momentos de mau-humor com bom-humor e pela dedicação e apoio durante todos esses anos. Saiba que esse trabalho também é seu.

Esta obra foi impressa em Santa Catarina no verão de 2011 pela
Nova Letra Gráfica & Editora. No texto foi utilizada a fonte
Electra LH, em corpo 10,5 e entrelinha de 15,5 pontos.